神奇神木
文润麟州

公共文化服务高质量发展的神木实践

神木市文化和旅游文物广电局 编

国家图书馆出版社

图书在版编目（CIP）数据

神奇神木 文润麟州：公共文化服务高质量发展的神木实践 / 神木市文化和旅游文物广电局编. — 北京：国家图书馆出版社，2024.9
ISBN 978-7-5013-7944-6

Ⅰ. ①神… Ⅱ. ①神… Ⅲ. ①公共管理－文化工作－研究－神木 Ⅳ. ①G127.413

中国国家版本馆CIP数据核字(2024)第037030号

书　　名　神奇神木 文润麟州——公共文化服务高质量发展的神木实践
　　　　　 SHENQI SHENMU WENRUN LINZHOU——GONGGONG WENHUA
　　　　　 FUWU GAOZHILIANG FAZHAN DE SHENMU SHIJIAN
著　　者　神木市文化和旅游文物广电局　编
责任编辑　张晴池
封面设计　胡玉林

出版发行　国家图书馆出版社（北京市西城区文津街7号　　100034）
　　　　　（原书目文献出版社 北京图书馆出版社）
　　　　　010-66114536　63802249　nlcpress@nlc.cn（邮购）
网　　址　http://www.nlcpress.com
排　　版　北京德彩汇智图文设计有限公司
印　　装　河北鲁汇荣彩印刷有限公司
版次印次　2024年9月第1版　2024年9月第1次印刷

开　　本　787×1092　1/16
印　　张　13.5
字　　数　200千字
书　　号　978-7-5013-7944-6
定　　价　125.00元

序

全景式展现公共文化服务高质量发展的神木实践

神木是一片神奇的土地。这里有独特的区位优势——位于秦晋蒙三省（区）接壤地带，"黄河揽怀南下，长城横腰西飞"，在历史上就是一处边塞重镇。这里有厚重的文化底蕴——4000多年前就是北方及黄河流域的文明中心，千百年来孕育出的黄河文化、长城文化、边塞文化、红色文化、大漠文化、黄土文化等交相辉映，魅力无穷。如今，这里已经跨入中国县域经济百强县的"两千亿俱乐部"，全面推进"五位一体"总体布局，物质文明和精神文明协调发展。作为一个西部小城市，神木的公共文化服务体系建设走在了全国的前列。

神木是我国公共文化设施体系最完善的县级市之一。截至2023年，神木市图书馆总分馆体系已建成1个总馆、40个分馆、38个流通点、10个爱心书屋，文化馆总分馆体系已建成1个总馆、12个分馆、13个基层服务点，作为总馆的神木市图书馆和文化馆建设规模都在1万平方米以上，双双跨入国家一级馆行列。此外，博物馆、展览馆、新时代文明实践中心、家风馆、工人俱乐部、青少年宫、大剧院、全民健身场馆等一应俱全，还有各类主题展馆30余处、文化广场50余处、社区（村）文化活动场所320余处，平均每千人拥有公共文化设施面积43平方米以上，神木的公共文化设施体系建设走在了全国县级市的前列。

神木是我国公共文化服务创新实践最具活力的县级城市之一。在传承发展优秀传统文化、建设当代文明方面，神木大力推动"华夏文明前夜第一城"石峁古城申报世界文化遗产，打造世界文化名片。石峁遗址文化旅游区连同宋文化体验街区、兴文书院等一批历史文化遗存，正在探索文化和旅游深度融合发展的新路径。在新型公共文化空间建设方面，神木因地制宜地建设了文旅融合空间、城市新型空间、能源数字科技体验空间、乡村文化生态空间等多种新型空间。广泛开展全民艺术普及，将之视为公共文化服务高质量发展的重要内容。神木设立了全国县级城市少有的艺术基金，扶持本土精品艺术作品创作，同时广泛开展"全民六美"工程，提升市民的艺术素养和审美水平。为了发挥公共图书馆在全民阅读中的推动、引导作用，神木建立了阅读推广人队伍建设的"调查测评—精准培训—考察认证—平台服务"工作机制，形成了"课程—队伍—管理"保障体系。在推动公共文化服务社会化发展方面，神木与高等院校、相关企业合作，建立了乡村新媒体研究实践基地、乡村数字文化研究实践基地、乡村文化新场景建设研究实践基地，在小城市搭建出了公共文化服务的大平台，让小城市担当起了公共文化发展的大使命。神木近年来实施公共文化发展"立柱架梁"工程，编制了村（社区）基本公共文化服务标准，以及有关乡村文化振兴先行示范村创建、群众阅读组织建设、新媒体助力乡村振兴、乡村数字文化建设、乡村文化场景建设等内容的一系列标准规范，构建起了本土化的公共文化服务体系建设的四梁八柱，在完善基层公共文化服务治理体系和提高治理能力方面作出了示范。

《神奇神木　文润麟州——公共文化服务高质量发展的神木实践》一书，是一部全景式展现神木在创建陕西省公共文化服务高质量发展示范县进程中亮点和特色的著述。全书分为三编，汇集了27个案例，有的反映了神木依托高水平文化设施创造的高品质公共文化服务的创新实践，有的反映了神木厚重的文化遗产在当代的创造性转化、创新性发展的探索经验，也有的反映了神木以文化建设助力乡村振兴、促进公共文化服务城乡一体发展的有益做法。通过这些案例，我们可以看到，神木创建陕西省公共文化服务高质量发展示范县所提出的"三个转型"目标——公共文化从设施"一流"向设施与服务"双一流"转型，从"城市优先"向"城乡一体"转型，从省内文化强市向全国高质量发展标杆城市转型——这些转型过程正在扎实推进、成效斐然，神木成为陕西省公共文化服务高质量发展示范县目标明确、实至名归。书中案例说的是神木事，展现的是神木风采，但从宏观上看，紧扣我国县域公共文化服务体系建设的重点任务，体现了基层公共文化服务高质量发展的方向，从而使本书具有了普遍借鉴的意义和价值。

本书是陕西省公共文化服务体系专家委员会团队的最新成果。近年来，在陕西省文化和旅游厅的统筹协调与部署组织下，陕西省公共文化服务体系专家委员会参与了全省公共文化服务从顶层设计到实践指导，从经验总结到宣传推广的全过程，在推动陕西公共文化服务高质量发展中发挥了重要作用。陕西省的4个国家公共文化服务体系示范区城市（宝鸡、渭南、铜川、安康）在示范区创新发展复核中获得了在全国为数不多的全优成绩，它们在陕西省的公共文化服务高质量发展示范县建设过程中创造出许多具有普遍意义的创新做法和典型经验，其中都有陕西省公共文化服务体系专家委员会全程参与的身影，有他们亲临一线的调研指导和立足实际的提炼升华。陕西省的公共文化服务体系建设在政府、专家、业界密切合作方面，陕西省公共文化服务体系专家委员会在自觉切入公共文化主战场、以理论调研成果回答实践之问方面，均为全国树立了标杆。

李国新[*]

2024 年 1 月于北京

---

[*]　作者系北京大学教授，国家文化和旅游公共服务专家委员会首席专家。

目　录

1

第三编　城乡一体共同富裕：文化赋能乡村振兴的神木实践

第一编

从地理高原到文化高原：
公共文化服务的神木品质

奋楫扬帆再出发，笃行不怠启新程

——神木市图书馆迈向"双一流"的转型发展之路

焦伊宁（神木市图书馆）

神木市位于陕西北部、秦晋蒙三省（区）接壤地带，黄河揽怀南下、长城横腰西飞，历史上是"南卫关中，北屏河套，左扼晋阳之险，右持灵夏之冲"的塞上重地。新中国成立以来，神木城乡面貌发生了翻天覆地的变化，谱写了从封闭、贫穷、落后走向开放、富裕、文明的宏伟篇章。神木市图书馆事业的沧桑巨变，就是其中的一个缩影。

从 1979 年到 2023 年，神木市图书馆从一个馆舍面积不足 200 平方米、藏书不足 1 万册的小微图书馆，发展为建筑面积 1.2 万平方米、馆藏文献 60 万册（件）的现代化大型图书馆，2012、2013 年连续两年荣获国家"全民阅读先进单位"称号，2015 年被中国图书馆学会评为全国十佳"最美基层图书馆"。几代神木图书馆人筚路蓝缕的奋斗历程，造就了神木公共图书馆事业的辉煌发展。

1 四十余载的守望与成长

1.1 筚路蓝缕，基业初奠（1979—2000）

1979 年，神木县决定成立县图书馆，馆址就选在神木老城明代建筑凯歌楼之上。当时图书馆馆舍面积不足 200 平方米，书刊不足 1 万册，设一个借阅室和一个阅览室，暂与神木县文化馆共用一套人员和资源、挂两个牌子。1981 年，图书馆从文化馆分出单设，为股级事业单位，开始招聘专职馆员，并派人员参加省内图书管理业务学习，日均到馆读者约 100 人次。

1984 年，神木县图书馆由凯歌楼迁至神木老城南大街 10 号院，面积增加到 300 平方米，馆藏文献增加至 2 万余册，开始采用统一编目卡片揭示馆藏。到 1986 年，馆藏文献增至 3 万余册，延长了夜间开放时间。从 1987 年到 2000 年，因神木县工作重心转移到经济建设，图书馆馆藏文献增长速度较缓。

1.2 万象更新，未来可期（2001—2009）

2001 年，神木县政府召开常务会议，决定将图书馆由神木县老城南大街路东 10 号迁入神木县人民广场文化广播电视中心二楼，图书馆由股级升格为科级事业单位。新馆舍总面积近 1000 平方米，设有图书借阅区、图书阅览区、报刊阅览室、电子阅览区等服务空间，馆藏文献也增加到近 10 万册，年征订报刊 400 种，年到馆读者 2 万人次，周开放时间延长至 50 小时，并开始于世界读书日开展主题宣传活动，2009 年为尔林兔镇、大柳塔镇文化站送书 2000 册，还组织馆员参加各类业务培训。2007 年，神木县图书馆新馆建设立项，从此进入图书馆事业大发展阶段。

1.3 砥砺奋进，励精图治（2010—2016）

2010 年 12 月 21 日，地处麟州街北段 150 号、总投资约 8000 万元、建筑面积 1.2 万平方米的神木县图书馆新馆建成开放，成为当时陕西省面积最大的县级图书馆。馆内设有图书借阅区、报刊阅览区、电子阅览区、过期报刊阅览区、视听区、珍贵文献阅览区、视障阅览区、幼儿活动区、报告厅、培训教室、书画室、自习区等功能区域。2013 年起，图书馆逐步采用自动化管理系统，至 2016 年，馆藏文献增加到近 30 万册（件）。神木县图书馆在 2013 年的第五次全国县级以上公共图书馆评估定级中被评为国家"一级图书馆"；被原文化部授予 2015 年全国十佳"最美基层图书馆"称号；入选 2016 年陕西省"最美阅读空间"。

1.4 只争朝夕，再创辉煌（2017—2021）

2017 年 7 月 23 日，神木撤县设市，图书馆也更名为神木市图书馆。2018 年，文化和旅游部公布了第六次全国县级以上公共图书馆评估定级工作结果，神木市图书馆再次被评为国家"一级图书馆"。

2019 年至 2021 年是神木图书馆事业高质量发展的关键 3 年，期间共采购新书 11 万余册，征集地方文献 3870 余册，成功完成了图书馆空间改造工作，总分馆建设取得积极进展，打造了"书香神木·德润麟州"全民阅读品牌。

截至 2021 年，神木图书馆馆藏文献总量达到 60 万册（件），累计组织开展阅读推广活动 7056 场次，年均入馆读者 32 万人次，年均外借图书 11 万册次，建成由 1 个总馆、39 个分馆、38 个流通点、10 个爱心书屋组成的"总分馆"服务体系，走上了具有神木特色的制度化、品牌化、品质化发展道路。

2 砥砺前行育新机，担当奋进开新局

近几年，神木市以"忠勇、创新、包容、共享"的城市精神为引领，聚焦黄河"几字弯"城市群高质量发展示范市、陕西省公共文化服务高质量发展示范县的建设目标，着力推动图书馆转型发展、创新突破和品质提升，开启了从设施"一流"向设施与服务"双一流"的转型发展之路，打造一批具有示范引领作用的标志性成果。

2.1 聚力党建引领，提升业务硬实力

神木是一个具有光荣革命传统的红色老区。1927 年在这里建立了神府地区第一个农村党支部，1934 年创建了神府革命根据地，老一辈无产阶级革命家刘志丹、张闻天、马文瑞等曾在这里工作和战斗过，涌现出许多可歌可泣的红色故事。神木市图书馆以传承红色基因、弘扬红色精神为己任，通过开展党史学习教育，探索出"1+2+6+X"党建工作模式，把党建工作"软实力"转化为业务工作"硬实力"。

"1"是"一心向党方向明"。在神木市直机关工委的支持下，图书馆改造了利用率较低的电子阅览室，通过征集民间红色文献、红色藏品和挖掘神府革命根据地党史文献，打造出由"百年光辉""峥嵘岁月""红色传承"3 个板块构成的神木红色记忆展馆，展陈展品 9075 件，其中红色文献 5141 件，红色证章、丝织画、铁皮、瓷板画等 3934 件。展馆于 2021 年 7 月 1 日正式对外开放，用红色文献、革命故事传承红色精神，赓续红色血脉。

"2"是"两馆建设传基因"。图书馆结合地方特色文化资源，打造"本土作家、黄河文化、长城文化、陕北文化展馆"和"老报馆"两个"馆中馆"，保护传承中华优秀传统文化，弘扬和发展地域特色文化，为建设中华民族现代文明贡献力量。

"6"是"六进服务办实事"。图书馆结合党史学习教育"我为群众办实事"，开展图书馆服务进镇街、进农村、进社区、进学校、进企业、进军营的"六进"活动，通过丰富多彩的全民阅读活动，打造"书香神木·德润麟州"全民阅读品牌。

"X"是"惠民文化行"。通过线上线下开展"早春书摊""传统节日主题阅读""倒计时百日读百年党史阅读""百本红色小人书展读""百封红色家书朗读"等阅读推广和红色宣传活动，图书馆成为新时代新思想的传播者、社会主义文化的践行者。

2.2　实施空间再造，提升服务品质

为了适应现代化图书馆发展需要，满足人民群众高品质文化生活的需求，神木市图书馆启动空间改造工程。一是对报告厅音响设备、卫生间和消防、配电、监控等设施设备进行改造提升，完成创客空间、音乐欣赏区和母婴室建设；二是利用过道、墙面等空间，建成伟大革命精神长廊和红色有声小人书书墙，增设地方文献、漫画、文旅资源等主题的阅读灯箱，既美化了空间环境，又解决了空间照明不足的问题，为读者"点亮阅读"；三是建成"本土作家和黄河文化、长城文化、陕北文化展馆"和"老报馆"，方便读者学习传统文化、了解陕北地域文化；四是在原有老旧文献和地方文献的基础上，补足了神木老城地图、人文地图、本土名人赠书的收藏；五是在大厅入口处的便民导读台，为读者提供热水、医药箱、雨伞和充电服务，以及放大镜、老花镜等阅读工具；六是在院内增设 24 小时自助借还机、朗读亭等设备。

图书馆通过空间优化改造，实现了不同功能区域之间的动静分离，增加阅览座席200 余个，延长了自习室开放时间，使阅读环境得到明显改善，图书馆年均进馆读者也突破了 40 万人次。

图 1　2023 年神木市图书馆三楼红色记忆展馆

2.3　推进总分馆建设，拓展服务领域

为实现图书馆阅读服务阵地遍地开花，打通阅读服务"最后一公里"，神木市图书馆于 2017 年开始积极推进"总分馆制"建设，构筑以点促面、点线结合、全面盘活、资源高效整合的市域图书馆服务网络。首先，成立图书馆"总分馆制"工作专组，研究制定"总分馆"建设计划，将图书馆员分为 8 个工作小组，按照每个分馆具体落实到人的原则，细致有序地推进分馆建设；其次，结合地域或行业文化特点，动员社会力量，通过镇街、村社、企事业单位联动的方式，建成 39 个图书馆分馆、38 个流通点、10 个爱心书屋；最后，为分馆配备人员、图书资料和电子借阅设备，逐步实现总馆与分馆之间、分馆与分馆之间图书的通借通还，实现"亲子阅读""乡村阅读"和"阅读推广人培育"等品牌活动的全城共建共享，营造全民阅读、全城尚读的浓厚氛围。

2.4　打造全民阅读服务品牌："行走的故事房子"

近年来，神木市图书馆以"滋养民族心灵，培育文化自信"为己任，创新打造幼儿"绘本讲读"品牌——"行走的故事房子"，推动其进学校、进乡村、进社区、上"云端"。六个"站点"展现不同的"风景"，为十万"住户"开启了快乐的"阅读之旅"，使阅读成为神木人"人生旅途"中最美的风景。

始发站：探索经验创品牌。"故事房子"源于图书馆幼儿"绘本讲读活动"，开始只有三五个小朋友借书时"顺路"听听。随着人数的增加，图书馆为"故事房子"打造了一个能容纳 200 多人的"阅读魔方"，"大小房客"可在其中读绘本、做手工、猜谜语、看电影、做游戏，感受"体验式"绘本阅读的魅力。

第二站：家长志愿者"入住""故事房子"。为了更好地解答"小房客"各种有趣的问题，"故事房子"策划实施了"故事爸妈研读会"，每个周日邀请经验丰富的"大房客"担任"故事爸妈"，通过设置巧妙的互动环节，"故事爸妈"与孩子们一起猜想、讨论故事的情节发展。该举措丰富了"亲子阅读"形式和内容，帮助图书馆解决了活动策划、资源、组织力量不足的难题。

第三站："故事房子"进校园。为了让"故事房子"服务品牌惠及更多儿童，"故事房子"开始走进幼儿园和小学，成为"行走的故事房子"。在幼儿园的校舍里、小学的课堂上，越来越多的幼儿园和小学老师、学生家长参与亲子阅读活动，与孩子们一

起开启"亲子共读的骑鲸之旅"。

第四站："故事房子"进乡镇。图书馆与民生慈善基金会合作，让"故事房子"走进沙峁镇九年制学校、栏杆堡小学、贺家川九年制学校、高家堡小学、大保当幼儿园、大保当小学、尔林兔小学等，推动"行走的故事房子"进基层，打造"小候鸟"阅读服务品牌。

第五站："故事房子"进社区。在炎热的夏日傍晚，在乡村的小院里、高楼林立的社区里，"行走的故事房子"来到傍晚纳凉的居民和小朋友中间，图书馆组织外教公益讲读英文绘本，带领小读者及其家庭体验双语阅读，有效丰富了"家庭共读绘本"的活动内容。

第六站："故事房子"上"云端"。"春节快到了，如果能把绘本讲读带回老家听就好了。"一位家长不经意表露出来的这个愿望，给馆员带来了启示。他们将录制好的绘本讲读小视频，通过图书馆微信公众号、布偶贴"讲读视频"、喜马拉雅"晚安故事"等平台发布，让"云端"上的"故事房子"服务更多的"远方住客"。

2.5　从传统的阵地服务跃迁到数字服务

随着数字化和网络化的发展，神木市图书馆在全省率先开设新浪微博、微信公众平台，开展网上参考咨询和文献远程传递服务，利用新媒体平台提供短视频服务；实施公共文化"进村入户"工程，为基层图书室、乡镇文化站提供硬件设备和数字资源，并定期进行资源更新；推出"线上预约"便民借阅新模式，通过线下信用借阅柜和"无接触借还"等服务形式，将丰富的图书资源送到读者身边。2020年，面对突如其来的新冠疫情，图书馆及时推出线上电子借阅、有声阅读服务，开展线上百日倒计时读党史、红色家书朗读、红色小人书荐读和"国宝（历史文物）带你读经典""我读长城长""遇见黄河"主题阅读竞答等活动，让广大读者既能在家配合防疫，又能享受"闭馆不打烊，阅读永在线"的图书馆服务。

2.6　推动志愿服务工作蓬勃发展

2011年，神木市图书馆创建了以馆员为主的文化志愿服务队，又于2012年创建读者志愿服务队。到2017年，神木市图书馆建成了超过100名文化志愿者的队伍。2018年更新建了志愿服务中心，积极策划并组织文化志愿活动，让知识服务与志愿者服务有机结合，形成了具有本地特色的文化志愿服务体系。

目前，神木市图书馆志愿服务队已有注册志愿者 630 名，下设馆员志愿服务队、党员志愿服务队、文献志愿服务队、小蜜蜂志愿服务队（学生组）、小蜜蜂志愿服务队（社会组）5 支团体爱心分队。从 7 岁孩童到 70 多岁老人，来自学生、家长、社会青年、退休老干部等不同群体的文化志愿者，每年都能在神木图书馆志愿服务队的组织下积极参与读者咨询、图书管理、阅读推广和扶弱助残的各项公益文化志愿活动。

图 2　2023 年陕西省阅读文化节神木分会场：神木市图书馆"双报到"志愿服务活动现场

3　奋楫扬帆再出发，笃行不怠启新程

神木市图书馆自建成以来，全体馆员牢固树立"传承文明、服务社会"的工作宗旨，以促进服务提质增效为着力点，不断优化产品和服务供给，为民众打造集内容、社交、场景服务于一体的多元文化服务格局，开启书香神木文化惠民的新征程。

在志愿服务领域，由读者组成的小蜜蜂志愿服务队的志愿服务案例，2017 年被评为中图学会首届未成年人服务论坛优秀案例；2020 年上榜陕西省"最佳志愿服务组织"，被评选为 2020 年陕西省"学雷锋志愿服务示范项目"。神木市图书馆志愿服务总时长达到 42000 小时。

在服务品牌建设领域，"麟州讲堂"、"承行·经典诵读"、"民俗阅读"、"麟阅·晚安故事汇"、"故事房子"绘本讲读等活动举办常态化，图书馆还开展了"最美书香家庭"和寻找"最爱读书的神木人"的评选奖励活动。其中，已开展"故事房子"绘本讲读 423 期，馆外"行走的故事房子"绘本讲读 619 期，线上绘本讲读音视频录播、直播 437 期，累积服务读者超过 10 万人次。该活动 2020 年被评为中国图书馆学会阅读推广示范项目，并荣获 2023 年度"大地欢歌"陕西省乡村公共文化服务创新大赛决赛一等奖。

在数字化服务领域，自新馆 2010 年建成开放以来，神木市图书馆电子文献访问量超过 300 万次，电子文献下载量超过 150 万次，馆外阅读服务近 700 场次。数字化服务有效提升了图书馆服务效能。

面向未来，神木市图书馆将围绕国家公共文化发展战略，聚焦神木市委、市政府建设黄河"几字弯"城市群高质量发展示范市定位和陕西省公共文化服务高质量示范市创建目标，将发展社会主义先进文化、继承革命文化、传承弘扬中华优秀传统文化、保护培育地方特色文化相结合，统筹推进图书馆转型发展、创新突破和服务提升。启动以"调查测评、精准培训、考察认证、平台服务"四大工作机制和"课程、队伍、管理"三大保障体系为主体的神木市阅读推广人培育计划，构建品牌化、多元化、制度化的全民阅读推广体系；充分整合镇街、村社综合性文化服务中心，煤化及银行企业文化室、学校图书馆、景区图书馆和新时代文明实践中心（站、所）等空间资源，推动"城乡一体""共同富裕"的图书馆总分馆服务体系建设。积极强化理论创新、制度创新和实践创新，打造系统集成、协同高效的公共图书馆服务高质量发展新格局。

作者简介：焦伊宁，女，大学专科。现任神木市图书馆馆长。先后荣获 2017 年度陕西省最美志愿者、2018 年度神木市脱贫攻坚优秀帮扶干部、2019 年度榆林市巾帼建功标兵、2022 年度优秀帮扶联系人等荣誉称号。研究方向为红色文献应用、阅读空间应用及文旅融合下榆林市沿黄文化旅游带深度开发等。发表学术论文 2 篇。

初心如磐，奋楫笃行

——神木市文化馆用行动诠释中国式现代化进程中的使命担当

刘香妮（神木市文化馆）

岁月如歌，转眼间神木市文化馆已走过 75 个春秋。回望来时路，几代文化馆"追梦人"青丝变白发，走过的脚印深深浅浅、遍历的足迹歪歪斜斜，但她们矢志不渝的前行脚步永不停息⋯⋯

神木市文化馆成立于中华人民共和国诞生的 1949 年，当时名为神木县文化馆。现在的馆舍位于神木市人民路 16 号，共有在编人员 21 人、协管员和特殊人才 43 人，设有群文部、美术部、摄影部、音乐部、舞蹈部、非遗部、社会培训部、宣传策划部和办公室，属于国家一级文化馆。

75 年来，神木市文化馆始终以"关山初度尘未洗，策马扬鞭再奋蹄"的精神状态，坚守"植根时代沃野、深耕文化厚土、服务人民群众"的初心使命，在推动群众艺术普及、文化活动组织、文学艺术精品创作和优秀传统文化创造性转化、创新性发展等方面，取得了无愧于时代的丰硕成果，用实际行动诠释了中国特色社会主义现代化进程中文化馆的使命与担当。

1 峥嵘岁月、光辉历程，与中华人民共和国同行

神木市文化馆最早的馆舍位于老城区钟楼洞南 100 米处的一个四合院内。今天，沿着神木老城区新修的街道前行，可以到达文化馆人启航追梦的地方，在久远的记忆之中，追忆那段芳华岁月。

1.1 初创至改革开放

文化馆刚成立时，尽管办公条件非常艰苦，人员也十分紧缺，但从那些发黄的档案资料中，依然可窥到文化馆人"岁月峥嵘，而屡更精力勤劳"的职业情怀：从 1949 年到 1979 年，文化馆多次举办庆祝国庆、庆祝丰收、欢度春节、拥军优属文艺演出和

图片展览活动，组织民间舞蹈、戏曲、音乐公演大会，开展抗旱文艺宣传活动，策划组织农村文艺演出活动，培育尔林兔民间文化组织，研究制定农村群众文化活动实施办法，承办榆林地区文学创作座谈会、革命故事"调讲"会、美术干部培训会等。这些丰富多彩的活动，展现出老一辈神木市文化馆人"初心如磐，奋楫笃行"的使命担当。

1.2　改革开放至 20 世纪 90 年代

改革开放后，文化馆人继续在基层文化战线上辛勤耕耘，开设了舞蹈学习班、美术摄影培训班、文化干部培训班，组织开展了春节、国庆文化娱乐活动，参加全省群众文艺作品评奖活动，主办或协办了庆祝中国共产党成立六十周年美术展、陕西省第二届科普美术展览、陕西省少年儿童绘画及美术作品展览、摄影大赛等活动。

为了保护地方民间文化资源，文化馆干部深入农村开展戏曲、民间舞蹈调研工作，1980 年编撰出版了《二人台音乐选编》《神木民间音乐资料选编》，1983 年完成油墨印刷版《神木山曲、酒曲集》和手工抄写版《活页歌选》的编撰，1987 年编印《农村歌曲汇集本》等。1985 年，文化馆干部撰写的《开拓新路，办好文化馆》一文在榆林地区农村群众文化工作经验交流会上发表，至今仍然有借鉴价值。1986 年，文化馆成立神木县文学艺术工作者协会并创办会刊《驼峰》杂志，这标志着文化馆在群众文化文艺创作和文化馆学术研究方面，进入一个新阶段。

到了 20 世纪 90 年代，随着思想解放、经济发展和改革开放步伐的加快，文化馆策划组织的活动也有了许多流行与时尚元素。比如 1990 年的元旦文艺晚会、1991 年的春节文艺晚会、榆林地区首届"卡拉 OK"比赛、神木"精煤杯"交谊舞大赛、通俗歌曲大奖赛、传统民间工艺展演等，这些活动展现出文化馆与时俱进、与时代同行的风采。

1.3　21 世纪的新发展

2001 年，神木县文化馆从老城区四合院搬迁至市中心人民广场西侧的文化广播电视大楼，设施条件与服务能力大幅提升，也为文化馆带来了新的发展机遇。

2　与时俱进、发展壮大，与新世纪同频

2.1　强基础、提效能、聚人心

2001 年起，随着馆舍条件的改善，文化馆也开始积极拓展新的服务领域与设施：

一是建城市书吧，为市民提供舒适便利的阅读空间，每年接待读者 2 万余人次；二是建非遗小剧场，每年组织各类非遗展演、文艺演出 200 余场次；三是建非遗陈列馆，展出近千件与神木非遗有关的实物和资料；四是建多功能厅，开展讲座培训、学术报告、非遗传习、节目排练、文艺演出等活动；五是建书画展厅，举办或承办各类书画或其他专题展览；六是建数字文化体验馆，配有智能棋桌、VR 体验室、互动涂鸦室、朗读亭、唱吧等先进设备。为了更好地开展群众艺术普及活动，文化馆还建有声乐、舞蹈、书画等培训教室 12 间，配备了钢琴、扬琴、二胡、古筝等全套伴奏乐器，乒乓球室、羽毛球场馆的建设也满足了群众对体育活动的需求。

近几年，为加快构建现代公共文化服务体系，文化馆着力推进总分馆建设，截至 2023 年，在相关镇（街）、村（社）设立文化馆分馆 12 个、文化馆基层服务点 13 个，还对分馆的设施设备进行改造提升，为每个分馆或综合文化站下派 1 名业务骨干指导工作。总馆舞蹈、音乐、美术、非遗、社会培训等部室的业务干部，2023 年当年下基层开展活动时长共计 400 余天。

培养和指导业余文艺团队建设，是开展艺术普及、繁荣群众文化事业的重要路径。为了加强业余文艺团队的组织性、提高其专业技能，使其能有计划地开展文艺演出，文化馆将业余文艺团队建设和业务培训纳为重点工作。截至 2022 年底，馆直属业余文艺团队达到 18 支，每周开展培训或演出 36 次，参与总人数已达 8.2 万余人。

"心有所系，方能远行。"文化馆把开展艺术普及、举办特色活动、创建服务品牌作为核心工作，按照格调高雅、特色鲜明、服务一流的要求，开展声乐、舞蹈、油画、古筝等 13 项长期培训项目，启动实施"全民六美"艺术普及活动和"一人一艺"精品项目培训计划，举办全民学习艺术知识、鉴赏艺术成果、掌握艺术技能、参加艺术展演、组建艺术社团、开展艺术创作等活动，培育广大群众认识美、理解美、发现美、挖掘美、追求美和创造美的能力。

在新冠疫情防控期间，文化馆拍摄了手语舞《没有过不去的火焰山》等原创作品，开办了以"艺"抗疫、共待花开的"网络云课堂"，参加了文化馆联盟春节文艺线上演出活动，定期在微信公众号、抖音上发布视频等数字资源，点击量超 100 万次。

2.2　创品牌、优服务、暖民心

"花开遍地春，服务满芳庭"，文化馆以"文化惠民·幸福同行"为主题，将精彩的文艺节目送到群众身边。2014—2023 年间，连续举办农民戏剧节、"舞动神木·共享文明"群众广场舞大赛、少儿才艺联盟大会演、广场文艺晚会、新年诗词音乐会、艺术沙龙、"劳动者之歌"合唱比赛、中华经典诵读活动、农民工诗歌朗诵会以及国庆、春节戏剧晚会、文艺汇演，其中影响较大的是 2021 年组织开展的"文化惠民·幸福同行——唱支山歌给党听"走进杨业广场文艺演出活动，共举办 17 次，参与群众 2 万多人。其他主题性演出活动包括：2012 年举办纪念神府红军创建 80 周年广场文艺晚会，2016 年举办第十一届中国艺术节专场演出，2017 年策划承办"陕北年　看神木"秧歌演出，2019 年组织"助力扶贫　你我同行"惠民演出进河湾村、"不忘初心　牢记使命"惠民演出进社区；2020 年组织神木市"中国农民丰收节"开幕式活动、"迎中秋　庆国庆"走进四卜树村文艺演出；2021 年举办走进永兴街道、继业路社区、西沟上榆树茆颐和养老中心等慰问演出活动；2022 年举办"中华圣城·神奇石峁"文化艺术节、首届万镇"百年梦圆·枣想你来"枣花节、栏杆堡旱地西瓜节以及"中华文化，歌以咏志""时代精神，舞以传情"等惠民演出；2023 年举办全国文化馆服务宣传周"盛世画廊　麟州风采"千人画一卷活动。在这些活动中，文化馆人用舞姿舞出盛世华章，用歌喉唱响时代主旋律，用高品质服务惠及一方百姓。

图 1　2023 年全国文化馆服务宣传周"盛世画廊　麟州风采"千人画一卷活动

神木市文化馆展览活动也办得"有声有色"。2004 年文化馆举办陕西省农民书画展；2005 年文化馆馆员参加全省文化（群艺）馆美术干部作品展览；自 2007 开始连续举办"迎新春"主题书画展；2012 年文化馆馆员参加全国少儿美术杯艺术展；2015 年举办陕西工艺美术剪纸作品展、纪念抗日战争胜利 70 周年美术作品展；2016 年举办手工艺品展示培训会、"文明家园　七彩年华"主题青少年书画大赛；2017年文化馆馆员参加陕西省群众美术书法摄影展览；2018年举办"军民融合鱼水情　双拥共建一家亲"主题书画摄影展；2019年举办非遗实物展、摄影展、剪纸展、书画展；2021年举办"能源新都·幸福神木"摄影展、"华夏圣地·神奇神木"全国摄影大赛作品展等活动。

近几年，文化馆结合陕北文化生态保护区建设和神木"一山二水三城"旅游发展规划，不断强化"以文塑旅、以旅彰文、文旅惠农"的使命担当，先后应邀参加中国首届"丝绸之路"国际艺术节展演、黄河流域九省（区）群众文艺精品展演、西安丝绸之路国际旅游博览会、神木市文化旅游节暨旅游推荐会，组织参加了"国香神木·风驰悦动"毛乌素沙漠汽车越野赛、第四届陕西青年文学奖颁奖典礼晚会、"筑梦丝路　相约神木"文化旅游演出等活动，受邀参加了陕北民歌大型音舞诗画活动、第23届中国马铃薯大会文艺晚会、榆林市春节联欢晚会、"美丽乡村"文艺汇演等50余场演出活动，参与由神木市文旅局主办的"神奇神木·神秘神往"走进西安、扬州等地的推介会。文化馆还深入尔林兔镇、高家堡古镇等旅游景区，进行专场文艺演出活动，为神木创建全国旅游示范市作出了积极贡献。

图2　2023年"大河情深"黄河流域九省（区）群众文艺精品展演现场

2.3　重实效、促发展、强信心

非遗保护传承，是文化馆的重要职责。在非遗保护方面，神木市文化馆按照国家级陕北文化生态实验保护区建设要求，从 2021 年 5 月起积极开展项目普查、资料整理、档案管理。收集整理了多位非遗传承人手中的珍贵资料，补充完善非遗资料 40 余种约 60 万字，照片 1000 余张，对缝皮衣、单滩造纸等濒临消亡的项目进行了抢救性保护；整理陕北文化生态试验保护区（神木）档案 96 册，撰写《神木市国家级陕北文化生态保护实验区建设工作报告》，还利用黄河流域非遗项目普查的契机，完成 87 项调研任务，形成 15 万字调研报告。

在非遗传承方面，文化馆有计划地组织中小学生、幼儿园孩子参观非遗展览馆。在神木四小设计了非遗文化墙，用实物图片和文字展示 18 个非遗项目，开展剪纸培训课每周一节；在神木二小、四小、三中、十一中、青少年活动中心等，开展杨家将武术文化与技法培训，学生 800 余名参与。充分利用各种演出展演活动，宣传推广酒曲、二人台、说书等非遗项目，开办"非遗陪你过大年"神木酒曲线上直播活动。举办五期"我们的节日·捏面花"技艺交流活动、四届全市陕北民歌大赛、三次陕北秧歌大赛、两次陕蒙酒曲擂台赛和多场剪纸、刺绣、泥塑、秧歌等培训展示活动。参与中央电视台的《乡村大舞台》、中国教育电视台的《神奇神木　非凡非遗》等媒体的大型推荐活动。通过神木电视台、神木融媒体视频号，神木市文化馆视频号、抖音号以及"传统工艺振兴神木展区""神木文化旅游推介会"等平台，开展非遗文化交流，展示神木非遗的魅力。

"辛勤耕耘结硕果，砥砺奋进谱新篇。"神木市文化馆始终坚持弘扬时代精神的创作理念和从群众中来到群众中去的创作原则，在推动文学艺术精品创作方面取得了可喜的成绩。截至 2023 年 9 月，神木市文化馆编辑出版了《麟州文学》《岚鸟诗文集》《万紫千红总是春》《神木群众文化美术摄影作品集》《神木非遗文化图典》等 10 余部群文作品集，与神木市政协共同编撰出版了《神木非遗传承人口述史》，举办了数十期群众艺术创作评奖活动。文化馆原创《志愿者赞歌》《致敬环卫工》《咱俩迟早是一家》《好想回家叫一声妈》《茫茫人海遇上你》5 首、音乐视频线上发布，文化馆创编的音乐表演唱《火塔塔》、舞蹈《毛乌素沙漠的女人们》、曲艺《开会》荣获第八届陕西省艺术节群星奖，少儿舞蹈《遗鸥》、小戏《红包》获陕西省艺术节入围奖。以酒曲为主旋律编创的《幸福的琴弦》亮相 2021 陕西省群众文化节，在榆林市庆祝建党

100 周年广场舞大赛中荣获一等奖。文化馆合唱团的作品《美丽的草原我的家》获"2021 陕西省群众文化节合唱展演"优秀奖，独舞《抬龙王》《戈壁沙丘》获全省舞蹈类比赛二等奖，音乐作品《小桃红》获全省技能大赛音乐类三等奖。

4 扬帆远航、再创佳绩，与新时代共进

诗人汪国真说："没有比脚更长的路，没有比人更高的山。"自神木市文化馆成立以来，几代文化馆人始终秉承聚人心、暖民心、强信心的服务宗旨，致力于传承中华优秀传统文化、弘扬红色革命文化、发展地域特色文化、传播社会主义先进文化，在推动文化馆事业发展方面取得了丰硕成果。

"树木之固在其根本，河流之浚在其源泉，民族之魂在其文化。"新一代神木市文化馆人传承为民服务、勇于创新、精益求精的优良传统，以"关山初度尘未洗，策马扬鞭再奋蹄"的奋斗精神，在陕北地理高原上，"凝心聚力写春秋，勇立潮头谱华章"，着力打造陕北文化高原、文化高峰。

神木市文化馆原创的舞蹈《毛乌素沙漠的女人们》和以神木酒曲为旋律的表演唱《歌从黄河岸边边来》分别荣获全国第十八届、第十九届群星奖，受到陕西省人民政府通报嘉奖，得到了中国文化云、《中国文化报》、陕西电视台等中央级、省级媒体的广泛报道。

神木市文化馆先后荣获陕西省基层公共文化服务优秀团队、神木市"巾帼文明岗示范单位"、神木市文旅系统"先进集体"、榆林市"巾帼文明岗"示范单位、榆林市"文明单位"、陕西省文化系统"创佳评差"最佳单位、中国教育电视台《星星课本剧》栏目组"最佳合作单位""中华人民共和国第十四届运动会、第十一届残疾人运动会开闭幕式暖场演出支持单位"等荣誉称号。

面对公共文化服务高质量发展新征程，神木市文化馆将以习近平新时代中国特色社会主义思想为指导，认真贯彻落实党的二十大精神，以满足人民日益增长的精神文化需求为根本任务，坚守中华文化立场，讲好中国故事，传播好中国声音，为建设中华民族现代文明作出自己的贡献。

作者简介： 刘香妮，女，大学本科学历，副研究馆员。现任陕西省神木市文化馆支部书记、馆长，中国文化馆协会会员、榆林市民间文艺家协会副

主席、陕西省群众文化学会第五届理事会常务理事、陕西省文化和旅游厅专家库专家成员。研究方向为神木市非物质文化遗产保护、全民艺术普及、基层公共文化服务发展等。发表学术论文10余篇。

古代文明与现代文明的桥梁

——神木市博物馆文化遗产的守护与传承

孙致远 ［神木市博物馆（神木市公共文化活动中心）］

神木市位于陕西省榆林市北部，是黄河文化、黄土文化、长城文化、边塞文化、红色文化、大漠文化的交汇之地，泱泱五千年的华夏文明在这里流淌，恢宏三千载的边塞文化在这里留存。这里既可以饱览塞外秀美风光、体验陕北高原丰富的民间艺术，又可以见证多元文化的历史遗存、领略现代化煤都的发展盛况……而博物馆，正是展现"神奇神木"的文化窗口。

神木市博物馆于 2012 年 7 月正式免费对外开放，是西北地区规模最大、藏品最多的一所县（市）级博物馆。自开放以来，博物馆坚持"有效保护、合理利用、加强管理、拓展服务"的原则，将文物保护与文明传承、社会教育相结合，通过举办各种陈列展览和社会教育活动，展现了神木多元文化交融共进的发展历程。博物馆开放至今已接待观众 82 万余人次，举办特色展览 10 余场次，开展社会教育活动 1000 余场次，在实现博物馆基本功能的同时，也架起了一座连接古代文明与现代文明的桥梁。

1 文化守护，十载兼程

早在 1982 年，全国人大常委会通过的《中华人民共和国文物保护法》提出了明确的立法宗旨：加强对文物的保护，继承中华民族优秀的历史文化遗产，促进科学研究工作，进行爱国主义和革命传统教育，建设社会主义物质文明和精神文明。

2009 年 6 月，神木县成立博物馆筹建处。2012 年 7 月，神木县博物馆正式建成并免费对外开放。博物馆建筑面积 8600 平方米，设有六大展厅，基本展览有古代文明（先秦、秦汉、唐宋元明清）展，专题展览有恐龙足迹化石展、麟州城与杨家将专题展、汉画像石专题展，此外还有各类临时展览等。

2017 年 8 月，神木县撤县设市，神木县博物馆更名为神木市博物馆。此后神木市博物馆开启了一系列深化体制机制改革和供给侧结构性改革举措：成立神木市博物馆理事会，探索构建博物馆新型法人治理结构，推进管理工作民主化；建设神木市博物馆官方网站，强化数字化服务能力，扩大对外宣传力度；设立博物馆学术小组，加强对文物保护政策法规、业务工作、服务创新和地方文物征集、保护等方面的学术研究，推动人才队伍建设；以传承中华优秀传统文化和地域特色文化为主题，举办"欢乐大课堂"、"考古体验"、"小小讲解员培训"、"汉字解密趣味课堂"、"我们的节日"、"神博衍艺"进校园、"移动博物馆"进基层等系列科普与社会教育活动；组建一支小小讲解员队伍，进行讲解员志愿者招募，扩大文化传承工作队伍。

2020 年 6 月，因神木市事业单位改革，神木市博物馆与神木市展览馆合并组成神木市公共文化活动中心，成为一个展示神木优秀历史文化遗产与现代文化建设成果的综合性服务机构。中心于 2021 年被陕西省社会科学界联合会授予"陕西省社会科学普及基地"称号，2022 年被神木市文明办、神木市新时代文明实践中心命名为"神木市首批新时代文明实践基地"。

2 服务社会，薪火相传

2.1 注重业务培训，强化人才支撑

截至 2023 年，神木市博物馆有干部职工 50 人，99% 为本科及以上学历，其中文博馆员 8 人，文博助理馆员 16 人，高级技术工 3 人，形成了一支精力充沛、创新意识强、善于学习的年轻队伍。为了进一步优化人员职称结构、专业知识结构，培养一支适应文博事业高质量发展要求的高素质人才队伍，博物馆积极探索人才培养新模式：有计划地组织陈列部、保管部业务人员和宣教部讲解员，参加线上、线下业务知识培训，拓展知识面、优化知识结构；邀请相关领域的专家学者围绕活动策划、品牌建设、讲解技巧、展教结合、案例分析等开展专题业务知识培训，提高业务人员专业素养和专业化服务能力；积极组织讲解人员参加省、市举办的博物馆讲解员业务知识和业务能力大赛，使年轻的讲解人员在相互学习中成长，在相互竞争中进步。

通过优化人事管理和有效的人才培育措施，博物馆调动了干部职工的工作积极性、主动性，提高了业务人员和讲解人员综合素质、专业水平和创新创造能力，也为博物馆观众提供了更高质量、更高标准的服务。

2.2 完善制度，做好文物守护者

保护收藏、陈列展览、科学研究、社会教育是博物馆的基本职能，其中，文物藏

品作为博物馆展览的核心展品，向人们展示了人类祖先在劳动实践过程中出现的各种智慧和物质财富，是历史的见证，也是博物馆履行社会职能、开展科学研究的基础。文物的数量和质量是博物馆等级考核的重要指标之一。因此，神木市博物馆自成立以来，积极向上级部门申请文物征集专项经费，着力加大对社会流散文物的保护力度，提升神木市博物馆陈展水平，丰富馆藏文物数量，五年共计征集神木境内有价值的社会流散文物 473 件（套），有效地保护了社会流散文物。

2023 年，博物馆馆藏文物已达 10000 余件，其中珍贵文物 968 组 1122 件，藏品数据信息已全部报送陕西省文物数据中心。为加强对馆藏文物的保护和科学养护，博物馆制定了文物征集、保护工作制度，建成文物修复室，完成了相关设备采购工作，不断推进学术研究和陈列展览策划工作，馆藏文物的品位和档次也有了大幅提升。2017年，神木市博物馆荣获陕西省第一次全国可移动文物普查工作先进集体，成为中国博物馆协会会员单位、陕西省文物交流协会理事单位。

2.3　重视品牌建设，讲好神木故事

陈列展览是博物馆履行社会职能、向社会提供精神文化产品的主要形式和基本手段。为了激发观众的参观兴趣，提升观众对博物馆的满意度，神木市博物馆将深挖文物文化内涵与不断创新展览形式相结合，用丰富的陈列展览内容和独特的陈列展览形

图 1　神木市博物馆恐龙展厅

式，讲述神木从史前遗址到明清建筑以及文物背后的故事，起到了弘扬爱国主义、倡导科学精神、普及科学知识、传播优秀文化、推动社会文明进步的积极作用。以下介绍一些特色展览。

"边塞雄风、朔色长青"——神木古代文明展。该展览系统展示了神木史前文明和从商周时期的方国到秦汉时期的城堡关寨林立，再到明清时期的九边重镇，生动地再现了神木多民族交融和厚重的历史文化。

"中国第一足迹"——恐龙脚印化石专题展。根据地质地层分析，在神木栏杆堡镇发现的神秘"大脚印"遗迹化石形成于距今 1 亿 5000 万年前的侏罗纪时期，数量高达 100 多个。博物馆通过举办恐龙足迹化石展，向观众、特别是青少年观众，系统介绍恐龙的相关知识。

"麟州城与杨家将"专题展。苍茫古麟州，忠勇杨家城，范仲淹曾在这里镇守，司马光、王安石曾在这里巡边，一门忠烈杨家将在这里留下广为传颂的千古佳话。展览集中展示了在麟州故城考古挖掘中采集的大量实物标本，通过多媒体手段再现了杨家将满门忠烈、忠勇爱国的英雄事迹。

图 2　"刻在石头上的史诗"——陕北汉画像石专题展展厅

"刻在石头上的史诗"——陕北汉画像石专题展。1996—1998 年，陕西省考古研究所在神木大保当发掘了 26 座汉墓，出土各类题材的画像石 66 块。在这批珍贵汉画像石中，有简约传神的人物或神话故事，特色鲜明的西北动物、植物等。通过展览和讲解，观众了解了当时社会的礼仪规范、生活习俗、建筑风格，感受神秘飞动、博大精深的汉代艺术气韵。

作为基本陈列与专题展览的补充，博物馆每年还举办 3—4 次传统民俗文化、红色文化、地域文化等主题的临时展览，如"孝播人间　厚德神木——孝文化图片展""爱我中华——中国历朝历代钱币展""不忘初心　方得始终——传承红色革命精神图片展""陕北炕头石狮子实物展""探寻长城印迹　传承长城文化——神木市长城保护宣传走基层图片展"等。这些形式多样、内容丰富的展览吸引了众多观众，使博物馆成为广大群众接受终身教育的"知识殿堂"。

2.4　强化教育职能，弘扬志愿精神

多年来，神木市博物馆积极开展丰富多彩的社会教育活动，特别是承担起青少年成长过程中的教育角色，吸引优秀志愿者投身博物馆事业，培养青少年的志愿者精神和服务社会的意识。

"小小讲解员"是博物馆利用自身作为"德育教育基地""爱国主义教育基地""科普教育基地"的资源，为青少年量身打造的一个公益性服务与培训品牌。"小小讲解员"培训班由市博物馆牵头，宣教部组织策划，专门设计撰写符合青少年认知水平和语言风格的讲解词，从而培育青少年对家乡的热爱，增强民族自豪感和爱国主义情怀，引导青少年关注、传播神木地域历史文化和中华优秀传统文化，培养青少年的志愿服务精神。2015—2023 年，博物馆共举办"小小讲解员"培训班 18 期，培训出 600多名小小志愿讲解员，壮大了"神木市文博志愿者"队伍。

"神博衍艺"特色社团课程进校园是博物馆另一个品牌活动。截至 2023 年，该课程已在神木市第六小学和第十一中学授课 127 课时，内容有文物基础知识课、传统民俗文化课、国学经典课等，使一大批青少年成为神木历史文化的"传承者"和"代言人"。

"移动博物馆"进校园、进社区、进乡村主题活动，通过各种精心设计的流动展览，将神木悠久灿烂的历史文化传播到千家万户，让更多的群众分享公共文化建设成果。自活动开展以来，"移动博物馆"活动进校园 352 次，进村社 53 次。

2020 年，博物馆"移动博物馆"项目被中共榆林市委宣传部、中共榆林市委文明

办、榆林市志愿者服务总会评为"榆林市最佳志愿者服务项目"，神木市文博志愿服务队被中共神木市委宣传部、神木市妇女联合会、神木市精神文明建设指导委员会办公室评为"优秀巾帼志愿服务队"，神木市博物馆志愿者服务队被评为神木市2020—2021年度最佳志愿服务组织。

2.5 细化安全管理制度，筑牢文物安全防线

神木市博物馆始终把文物安全放在工作首位，联合神木市治安大队经文保中队、继业路派出所建立警馆协作机制，不断细化安全管理制度，每周进行安全隐患检查，每月开展一次消防安全隐患大排查，对查出的问题及时进行整改。博物馆近年来从未发生过任何形式的安全责任事故，先后被神木市经文保大队、榆林市经文保支队评选为"市级平安单位""市级消防安全先进单位"，被榆林市公安局评为全市单位内部保卫工作"先进集体"。

3 打造神木城市文化"新地标"

"十四五"时期是我国开启全面建设社会主义现代化国家新征程、向第二个百年奋斗目标进军的第一个五年，也是推动黄河流域生态保护和高质量发展、推动公共文化服务高质量发展、建设中华民族现代文明的关键时期。

神木既有特殊自然环境造就的天成之美，又有5000年历史厚植的人文之韵。博物馆作为守护中华文明之"根"、深化中华文明探源工程、延续中华文脉重要的公共文化服务场馆，必须承担起"强化重要文化和自然遗产、非物质文化遗产系统性保护，推动中华优秀传统文化创造性转化、创新性发展"的使命任务，神木市博物馆要不断提高文化遗产保护能力和服务水平，成为传播和展示神木历史文化的重要窗口。

为此，神木市博物馆将以习近平新时代中国特色社会主义思想为指导，全面贯彻党的二十大精神，坚持以社会主义核心价值观为引领，坚持创造性转化、创新性发展，坚持"保护为主、抢救第一、合理利用、传承发展"工作方针，将文物保护、研究与服务工作有机融入黄河流域生态保护和高质量发展之中，融入陕北国家级文化生态保护试验区建设规划之中，发挥文化遗产在传承中华文化基因、弘扬中华优秀传统文化、增强中华民族凝聚力和促进社会主义先进文化发展中的重要作用，充分彰显神木独特的"一山二水三城"自然地理标识和"华夏文明之光"的历史文化标识，将神木市博

物馆建设成网络化、数字化、智能化的县市一流博物馆，打造成传承神木历史文化的"知识殿堂"、彰显神木城市文化的"新地标"。

作者简介：孙致远，男，大学专科学历，文博馆员。现任神木市公共文化活动中心党支部书记、主任，中国博物馆协会会员、榆林市摄影家协会会员、神木市书法家协会会员，神木市杨家将文化研究会常务理事，神木市黄土文化研究会理事，神木市文化艺术网顾问。研究方向为公共文化服务与地域文化品牌建设等。参与编撰出版《神木瑰宝》文物精品画册以及《麟州藏珍》《陕西省第三次全国文物普查丛书·榆林卷·神木文物》《店塔镇志》《神木市文物菁华》《神木市公共文化活动中心（神木市博物馆、神木市展览馆）10 周年工作回顾》等书籍。

走进一座馆，读懂一座城

——神木市展览馆"沉浸式"讲述"神奇神木"

孙致远〔神木市展览馆（神木市公共文化活动中心）〕

陕北在中华文化、黄河文明的演进发展中占有重要地位，而神木又处于黄河文化、黄土文化、长城文化、边塞文化、红色文化、大漠文化、草原文化的交汇之处，独特的"一山二水三城"自然地理标识和"华夏文明之光"的历史文化标识孕育出神木"忠勇、创新、包容、共享"的城市精神体系。

在社会事业方面，神木有西部一流的公共文化服务设施体系和完善的教育、医疗体系，先后荣获陕西历史文化名城、国家级卫生县城、全国科普示范县、全国政务公开示范县、全国生态文明建设先进县、中国金融生态县和中国十大最关爱民生县等多项荣誉。

近年来，神木市委、市政府积极融入黄河流域生态保护和高质量发展国家战略，聚力打造华夏山水文脉汇聚传承地、国家级黄河风情体验旅游目的地，大力推进石峁博物馆、黄河国家文化公园建设和"中华文明探源工程"研究，加快构建"一山二水三城"文化旅游和"四区三带一库"文化生态保护新格局，在区建设规划和经济建设、政治建设、文化建设、社会建设、生态文明建设上取得巨大成绩。

2020 年 6 月，为充分彰显神木自然人文资源禀赋、城市发展的辉煌历程和在保护中华优秀传统文化、建设中华民族现代文明中的成果，神木市成立了以市博物馆和市展览馆为主体的公共文化活动中心，并于 2020 年 11 月正式免费对外开放。新建的神木市展览馆位于滨河新区新闻文化中心南侧一楼，展厅面积约 3600 平方米，采用先进的数字体验空间和大量的声光电技术，是集城市规划展示、地域文化传播、城市品牌宣传和文化旅游服务等多功能于一体的综合性文化空间。自 2023 年开放以来，展览馆已接待团队 1000 余批次，观众 24 万余人次，举办特色临时展览 5 场，成为展示城市精神、塑造城市形象、提升城市社会影响力的"文化窗口"和"城市会客厅"。

1 基本情况

为充分发挥展览馆在丰富人民精神文化生活中的重要作用，神木市展览馆顺应数字化、网络化、智能化发展趋势，强化各类数字应用场景和数字科技体验空间建设，不断增加陈列展览数量，丰富陈列展览形式。展览馆以讲好神木故事为目的，以"塞上明珠·幸福神木"为主题，日常设有城市客厅·印象神木、文明曙光·石峁遗址、名城风华·神木古城、神奇神木神秘神往·总体规划沙盘秀、展望未来·飞跃神木等十大展区，全方位、多角度地展示神木的自然风光、发展历史、建设成就以及未来愿景。

（1）城市客厅·印象神木。在气势如虹的共享大厅中，首先映入人们眼帘的是以"黄河之水天上来"和"印象神木"为主题的形象宣传片。影片按照日出到日落的时间脉络，分别从"壮美山水、城建风姿、幸福人文"三个篇章展开，向人们展示神木的地理形胜、文化特质及城市精神，领略神木以新能源城市的姿态进行绿色崛起的变迁历程。

图 1 城市客厅·印象神木展厅

（2）文明曙光·石峁遗址。展厅中播放的多媒体影片《中华文明的前夜》系统展示了中国已发现的从龙山晚期到夏朝早期之间的规模最大城址的历史过程和文化意义、文明价值。雄踞在黄土高原北部、毛乌素沙漠南缘、高家堡镇的石峁遗址，由皇城台、内城、外城三重城垣构成，石砌城垣总长约 10 公里，面积逾 400 万平方米，其历史、建筑、考古价值可与美洲玛雅古城、欧洲雅典古城相媲美。参观者在这里可以通过全息影像，感受 4000 多年前勇于开拓的先民是如何在石峁山上筑城池、备兵甲、定礼制、扶农桑，从而拉开了中华文明起源的序章的。

（3）名城风华·神木古城。神木历史悠久、文化灿烂，现有文物保护单位和已登记文物点 27 处。走进神木著名古代建筑，如同漫步岁月长河。该展厅将神木部分年代久远、保存比较完好的历史建筑和遗址制作成精品模型，包括神木老城木雕模型、白氏四合院模型、凯歌楼模型、二郎山真武大殿模型等，使参观者可以"一站式"地欣赏到这座历史文化名城、凯歌楼以及明清时期陕北四合院的建筑形制、文化风格和艺术特色。

图 2　名城风华·神木古城展厅

（4）神奇神木神秘神往·总体规划沙盘秀。在这个展厅中，随着总体规划模型影片的序幕缓缓拉开，在城市总规光电沙盘剧场式立体化的演绎中，城市天际线一跃而起，多维度交通网络辐射四方，一座具有"一轴、三区、六组团"空间结构的神木新城展现在人们眼前，"现代宜居宜业城市、高端清洁能化基地、国家生态文明示范区"

的未来华章在此激情呈现。

（5）展望未来·飞跃神木。参观者进入飞跃神木 X 动感影院，可以乘坐高速飞驰的体验舱，穿越光影隧道，飞跃石峁古城和万里长城，跨越二郎山和天台山，掠过黄河与红碱淖，俯瞰工业重镇和滨河新区，在惊险刺激、美轮美奂的体验之中尽览麟州胜景，感受"凤仪神木、神秘神往"的独特之美。

2 主要做法

2.1 强化培训，打造一支专业队伍

"发展是第一要务，人才是第一资源，创新是第一动力。"人才决定着一个馆的创新能力、服务品质和发展方向。神木市公共文化活动中心（市博物馆、市展览馆）有干部职工 50 人，在册职工 30 人，其中研究生 2 人，本科学历人员占 99%，是一支充满活力的年轻队伍。为了迅速提高这支队伍的综合服务能力，展览馆开馆 3 年多来，始终把培养业务骨干、提高讲解团队专业水平作为提升展览馆服务品质、推动事业发展的重要举措。围绕管理运营、讲解服务、活动组织、宣传策划和数字化建设等，采取走出去、请进来、线上线下相结合的"三位一体"人才培养模式，打造出一支业务素质硬、观众认可度高的专业队伍。一是加强与省内高等院校、文化旅游企事业单位合作，邀请相关领域专家来馆对全体业务工作人员进行系统业务知识培训，夯实他们的专业基础；二是定期派出工作人员外出参加业务学习，加强与外馆之间的业务交流，拓宽他们的文化视野；三是积极组织讲解员参加各类讲解比赛，激发她们的学习动力，并在比赛中得到进一步历练。通过"三位一体"人才培养模式，展览馆极大调动业务人员工作的积极性和创新的主动性，推动了展览馆高质量发展、提供高品质服务。

2.2 高位设计，强化教育功能

展览馆作为一个综合性公共文化服务场所，面向民众开展历史知识、科学知识和爱国主义教育是其主要功能。在漫长的自然与社会发展中，神木不仅形成独特的"一山二水三城"自然地理标识和"华夏文明之光"的历史文化标识，沉淀出自己独特的文化品质、社会风俗、生活方式、价值取向和情感归属，而且也孕育出"忠勇、创新、包容、共享"的城市精神体系。神木市展览馆正是这样一个回望历史的场所。在这里，参观者可以通过各类主题展览和各种数字化体验空间，全方位了解神木的历史变迁，

感受这座边塞城市的文化魅力和发展变革带来的震撼。

为了最大限度激发观众热情，充分发挥教育功能，展览馆采用了大量现代展示技术，利用剧场式模型秀、5D 飞行影院、互动飞屏等现代声光电技术，增强展览的趣味性、教育性、科技感和体验感。特别是展览馆相继推出的精品文物图片展、文化扶贫主题展、"筚路蓝缕　砥砺前行——传承红色革命精神"图片展、"走进神木长城　感受千年历史"长城文化主题展、"致敬牛年　文物之牛"传统文化图片展等弘扬爱国主义、普及科学知识、传播优秀传统文化、倡导良好社会风尚、推动社会和谐发展的主题展览，受到了广大群众的欢迎，取得了较好的社会反响。

2.3　主题展览，增强文化自信

作为基本陈列与专题展览的补充，展览馆每年还会举办 2—3 次传统民俗文化、革命文化、地域历史文化等临时主题展览，包括"不忘初心　方得始终"——传承红色革命精神图片展、"探索长城印迹　传承长城文化"——神木市长城保护宣传走基层图片展、"走进神木长城　感受千年历史"图片展和神木市不可移动革命文物展等，这些形式多样、内容丰富的临时展览，为群众提供了党史学习教育的新平台，助力党员干部"学史明理、学史增信、学史崇德、学史力行"。为充分发挥党史学习教育作用，展览馆深入挖掘神木红色故事，先后有多批次党员干部团队到展览馆开展党史学习教育主题活动，不断提升党性修养。神木市展览馆 2021 年成功申报"陕西省社会科学普及基地"并获批，2022 年被神木市文明办、神木市新时代文明实践中心命名为"神木市首批新时代文明实践基地"，2023 年 3 月被神木市妇女联合会授予"巾帼文明岗"称号。

2.4　走进学校，共建教育基地

随着互联网技术的发展，新的科技文明使少年儿童美育教育、科技知识普及突破了传统空间隔阂和技术限制，让生活空间与美育空间联系更加紧密，这些都在呼唤新时代的文化工作者要时刻保持创新意识、开放意识，不断提高服务质量和服务效能。

展览馆充分运用现代技术，展现神木厚重的历史文化、城市建设成果和未来发展愿景，深受广大学生的喜爱。神木市第十一中学、第十二小学、第六小学、第七幼儿园、红黄蓝幼儿园等多个学校，先后组织学生前来参观学习，近距离了解家乡的历史文化，感受家乡日新月异的变化与辉煌发展前景，让展览点燃他们心中建设家乡的热情。展览馆现已成为神木市许多中小学生的"第二课堂"，并于 2021 年与神木十四中共建"社会教育基地"。

2.5　筑牢安全防线，推动平安社会建设

神木市展览馆始终把安全工作放在首位，不断细化安全管理制度，加强员工安全意识教育，与神木市公安局滨河派出所建立警馆协作机制，每周开展一次安全隐患排查，每个月开展一次消防安全隐患大排查，并对查出的问题及时进行整改。展览馆建成开放以来，没有发生任何安全事故。

3　讲好神木故事，做好神木新形象的传播者

神木市展览馆是了解神木历史变迁、发展成就的重要平台和展示神木文化形象的重要窗口，截至 2023 年已接待团队 1000 余批次，观众总数超过 24 万人次。除一般政务接待和社区团队、学生团队、企事业团队、旅游团队接待外，还先后接待了全国工商联、省委组织部、省委宣传部、省委党史研究室等调研组，接待了省公共文化服务体系建设专家组、中欧文化经济合作促进会总顾问、著名作家等大量团队或个人，取得了良好的社会效益。

面向未来，神木市展览馆将以党的二十大精神为引领，积极抢抓黄河流域生态保护和高质量发展战略机遇，依托神木独特的文化资源禀赋、自然地理标识和历史文化标识，不断丰富各类展览内容与形式，传承"忠勇、创新、包容、共享"的神木精神，展现神木以"一山二水三城"为主要特色，以"四区三带一库"为主要内容的山水城相辉映、区带库相融合的文化建设新格局，使展览馆成为广大群众享受精神文化生活新空间，神木新形象的传播者，让更多群众走进展览馆，爱上神木城。

春华秋实，古韵悠扬

——神木市文化演艺公司的晋剧传承

刘飞雄（神木市文化演艺有限公司）

神木市文化演艺有限公司（当时名为"神木县城关业余剧团"）始创于 1950 年。2004 年经县委县政府决定，成立神木县艺术团，与当时的神木县晋剧团共用一套人员和资源，挂两个牌子。2021 年剧团体制改革，成为国有企业，隶属神木市国资委，由市文化和旅游文物广电局主管，是神木市唯一的专业文艺表演团体。70 多年来，尽管历尽几次体制机制改革，文化演艺有限公司始终坚持"双百"方针和"两为"方向，致力于繁荣晋剧艺术，实施精品工程，打造晋剧品牌，常年活跃在陕北农村和基层，以优秀的作品服务大局、服务群众，每年送戏下乡演出 200 多场次，为全市文化和晋剧艺术传承发展作出了积极贡献。

1 风雨兼程七十载，坎坷筑梦书华章

1.1 初创时期

1950 年 7 月，神木县文教科科长刘镇南牵头成立了"神木县城关业余剧团"，团址设在神木老城凯歌楼。1951 年，城关业余剧团开始招收剧团成员、培养青年演员。1952 年，神木县委决定将城关业余剧团更名为"神木县人民剧团"，性质为集体所有制，实行财政补贴、自负盈亏政策。1955 年 12 月，陕西省文化局召开县剧团团长会议，会上正式将神木县人民剧团列为职业剧团，并颁发了演出登记证，神木县人民剧团从此走上了职业化发展道路，进入事业发展第一个高峰期。

初创时期的人民剧团以县城内售票演出为主，后来逐渐拓展到乡镇演出，每个乡镇每年演出一次。1955 年，神木县人民剧团创编的晋剧《赤胆忠心》获得榆林地区首届戏曲汇演集体二等奖、音乐一等奖，同时荣获表演奖和导演奖，这部剧的出现标志着神木县人民剧团创作与市场化运作开始走向成熟。

1.2　发展壮大时期

1958 年 10 月，神木和府谷两县合并，两县所属剧团也随之合并改名"神木晋剧一团"和"神木晋剧二团"，人员编制均为 42 人左右，一团为全额事业单位，实行工资制，二团为集体所有制，实行收益分红制，人员编制逐步扩大，主要演出市场仍然以农村基层为主。1961 年 7 月，神木和府谷两县再次分立，两团也随之分设，"神木晋剧一团"恢复了"神木县人民剧团"名称。1963 年冬，神府两团又一次合并为一团两队，神木剧团为一队，府谷剧团为二队。两团合并后，除在内蒙古、宁夏等地以及陕北各县巡回演出外，还经常在神府两县交换演出，两县群众经常可以看到不同风格的新戏。相比而言，这一时期神木剧团戏行当齐全、阵容齐楚、演员实力雄厚，事业发展也达到了一个新高峰。

1.3　恢复发展时期

1965 年，榆林地委决定将神木剧团改为"乌兰牧骑"式"文艺工作队"。1970 年，"文艺工作队"更名为"神木县文工团"。从 1970 年至 1976 年，文工团先后排演了京剧《沙家浜》《智取威虎山》选场，晋剧《平原作战》《杜鹃山》《铁流战士》等。这一时期，神木县文工团在现代戏、歌舞方面的演出相对活跃，艺术水平也达到一定的高度。1978 年，"神木县文工团"正式更名为"神木县晋剧团"，演出剧目增多（以演传统剧目为主），演员队伍不断壮大，老中青三代演员经常同台出演，是剧团发展史上第三个高峰。20 世纪 80—90 年代，按照国家文化体制机制改革要求，晋剧团先后进行了多轮市场化改革探索。首先，打破以往"大锅饭""铁饭碗"的旧体制，实行 50%固定工资加 50%浮动工资制度；其次，全面实行团长责任制和演职人员责任制，在责任制的推动下，演出场次和演出收入逐年增加。到 90 年代末，随着经济社会转型发展和多元文化现象出现，演出市场开始走向疲软，剧团经营也一度陷入困境。但是在全团演职人员的不懈努力下，剧团还是顽强地生存下来并不断发展壮大。

1.4　繁荣昌盛时期

2004 年，神木县委县政府批准成立"神木县艺术团"，原"神木县晋剧团"分为晋剧队（演出戏曲）和艺术队（演出歌舞）两个演出单位。2021 年，神木市晋剧团经过体制改革成为国有企业，更名为"神木市文化演艺有限公司"，隶属于神木市国资委，由市文化和旅游文物广电局主管，是神木市唯一的专业文艺表演团体。

2　守正创新，创编无愧于时代的艺术精品

七十多年来，神木晋剧团培养出一批又一批优秀戏曲人才，编排了一部又一部精彩的晋剧作品，塑造了一个又一个经典的艺术角色，受到了观众的喜爱。近年来，为继承发展好戏曲文化事业，培养晋剧艺术新生力量，神木晋剧团在发挥自身优势上寻求破局，在守正中不断创新，致力于让晋剧舞台艺术更加灿烂。

神木市文化演艺有限公司（以下简称"演艺公司"）顺应时代发展趋势，大胆创新，将传统单纯的古装戏表演拓展到现代戏，再到儿童剧、歌舞等，在表演内容和形式上成功实现大跨越。

2013 年，演艺公司深挖杨家将文化精神，新编了大型原创历史剧《杨家城传奇》，同年该剧参加了榆林市专业剧团调演，获评委会全部奖项。2014 年元月，《杨家城传奇》赴晋剧发源地太原演出，获山西省第十四届晋剧"杏花奖"优秀杏花新剧目奖、编剧奖、导演奖、作曲奖、杏花表演奖、舞美设计奖、灯光设计奖 7 项大奖。2014 年 10 月，《杨家城传奇》参加陕西省第七届艺术节，荣获优秀剧目奖、编剧奖、优秀导演奖、优秀表演奖、伴奏奖、表演奖、优秀组织奖 7 项大奖，被陕西省文化厅指定为 2016 年中华人民共和国第十一届艺术节展演参演剧目。

两次收获大奖和观众的喜爱和认可，为演艺公司进一步创新发展提振了信心、奠定了基础。大家尝到了原创的甜头，决定继续创编优秀剧目，回报社会。

2015 年，演艺公司原创新编现代戏《母殇》搬上舞台，先后在西安、太原、上海、北京等地进行展演，赢得戏剧专家一致好评和观众的高度赞赏。2015 年，《母殇》被文化部指定为纪念中国人民抗日战争暨世界反法西斯战争胜利 70 周年"为抗战抒怀、为和平放歌"全国巡演剧目。2017 年，正值抗日战争爆发 80 周年之际，新改编的《母殇》参加陕西省第八届艺术节，荣获文华优秀剧目奖、文华编剧奖、文华优秀表演奖及文华表演奖四项大奖。

作为演出团体，要同时顺应时代和市场发展的需求。为此，演艺公司不断推陈出新、丰富高品质文化服务产品供给。2017 年，移植了大型魔幻励志儿童剧《木偶奇遇记》，改编了《疯狂兔斯基》，三部儿童剧入选 2017—2018 年度榆林市文化精品项目。2018 年原创经典红色革命题材儿童剧《鸡毛信》。原创红色革命传统现代剧

图 1　2023 年 11 月神木本土原创大型音乐剧《酒曲人生》演出剧照

《人间正道》（原名《横山枪声》）通过全省优秀重点剧本专家讨论会，于 2019 年 4 月正式首演，同年入选"2019 年度陕西省重大文化精品项目"，并荣获第九届陕西省艺术节文华剧目奖、文华表演奖。2021 年，演艺公司再接再厉，连续打造出专题晚会《一路豪歌向未来》《唱支山歌给党听》和情景剧《赤子丹心》《二女》等多部优秀作品。同时，编排的神木本土原创大型音乐剧《酒曲人生》，用酒曲演绎神木乡村百年间的华丽蜕变史。

3　建设文化传承新高地，弘扬晋剧戏曲艺术

风雨兼程七十余载，有过辉煌，经过坎坷，怀着传承晋剧文化的坚定初心，演艺公司积极顺应时代发展变化，推进文化体制改革，深化公司内部改革，狠抓人才队伍建设、精品节目创编、市场拓展、演出质量提升。

面向新时代传承中华优秀传统文化、建设中华民族现代文明的使命任务，演艺公司将认真贯彻落实国家出台的相关文件的要求，结合陕西省做强"艺术链"、做大"产业链"、做优"服务链"的要求，通过保护传承、振兴发展和供给改革，厚植戏曲艺术发展沃土，完善戏曲艺术作品的创作生产、演出演播、评价推广机制，构建黄河流域地方戏曲交流互鉴和展示展演机制。特别是聚焦中国梦时代主题，加强重大现实题材创作生产，强化戏曲艺术在建设中华民族精神家园以及美育、社会教育中的独特作用，

更好地发挥戏曲艺术"举精神之旗，立精神之柱，建精神家园"的积极作用。

作者简介： 刘飞雄，男，大学本科学历。现任神木市文化演艺有限公司总经理。从事剧团管理及运营工作多年，带领公司文化下乡演出年均150余场。监制的陕北地方音乐剧《酒曲人生》获第十届陕西省艺术节文华优秀音乐奖。

推动青少年事业高质量发展

——神木市青少年宫的服务创新实践

张书平（神木市青少年宫）

在如诗如画的滨河新区，神木市青少年宫静静伫立。神木市青少年宫始建于 2010 年，原名神木市青少年活动中心，占地面积 4.3 万平方米，总投资 5800 万元，2017 年正式建成运营。2020 年神木市事业单位改革，青少年宫转为共青团神木市委下属事业单位，是神木市最大的综合性、公益性青少年校外教育基地和活动阵地。自建成运营以来，青少年宫累计举办 7 大类 29 个项目共 300 多个培训班，在引领青少年快乐生活、全面发展、健康成长，培养青少年爱国精神、创新精神和实践能力等方面，取得了良好的效果。

1 不忘初心，立德树人

作为主要承担党团组织衔接教育和青少年思想道德教育职能的文化机构，青少年宫始终把加强未成年人思想道德建设放在各项工作首位，围绕"为谁培养人，培养什

图1 神木市青少年宫

么人，怎样培养人"这些根本问题开展工作，形成了以"为青少年健康发展服务，为青少年人生规划奠基"为服务宗旨，以开展青少年思想道德、文艺体育、科学技术普及、劳动与社会实践、夏冬令营等培训活动为主业，联合校外教育机构和师资力量，通过思想引领、沉浸式体验和红色故事展播等方式，将红色教育资源、传统诗词文化、社会主义核心价值观、爱国主义教育融入青少年喜闻乐见的活动中，让青少年在立德、修德、践德中养成良好的思想品德，帮助青少年"扣好人生的第一粒扣子"。

2　整合师资队伍，提升业务能力

2023 年，青少年宫工作人员 15 人，外聘教师 100 多人，培训功能教室 30 多间。为落实"立德树人"的根本任务，贯彻"以人为本"的教学理念，造就一支"理想信念坚定、道德情操高尚、理论学识渊博、育人情怀深厚"的师资队伍，青少年宫将教育教学人员的思想政治建设作为年度考核、职称评审、岗位聘用、评优奖励的首要标准。同时积极联合外部教育资源和师资力量，弥补自身师资力量配备不足问题，先后邀请陕西师范大学、西安歌舞剧院、西北大学、西安音乐学院等高校或专业机构的名师专家，对本单位员工开展系统的业务培训，极大地推动了青少年宫师资队伍建设，业务人员的创新意识、活动策划组织能力、培训活动质量都有了明显提升。

3　全面发展，彰显独特探索

为顺应新时代青少年教育工作参与式、体验式、互动式的变化趋势和兴趣导向特点，青少年宫在充分调研和精准对接需求的基础上，结合国家"素质教育"和"双减"政策，精心开设器乐声乐类、书画类、舞蹈类、语言类、手工类、语言类、体育类 7 大类共 29 门课程，新增了游泳、编程、3D 打印等培训课程，学员人数达 12000 多人次。每到周末，三五成群的孩子一头扎进青少年宫，练书法、打乒乓球、学跳舞……这样的场景已成为一种常态。

"巧手手呀剪窗花，你说剪啥就剪啥。不管风雪有多大，窗棂棂上照样开红花……"在神木市青少年宫公益剪纸教室内，神木市剪纸传承人正在为孩子们上的一堂别开生面的窗花剪纸课。孩子们折的折、画的画、剪的剪，不一会儿的工夫，就用灵巧的小手剪出了造型各异、形象逼真、色彩艳丽的窗花。该公益剪纸培训课自 2020 年开设以来，已经有 600 多个孩子在这里免费学习了传统剪纸。在民族舞蹈室里，孩子们正舞着水袖，踏着音乐节拍，认真学习舞蹈动作，不仅锻炼了形体、培养出气质，还学到少数民族的舞蹈艺术。

对孩子来说，青少年宫不仅培养了他们的兴趣爱好，更是他们快乐的源泉。青少年宫先后获得"陕西省校外美育共建教育实践基地""陕西省青少年活动交流营地"称号。

4　聚焦科艺群文，办好校外活动

在系统教学培训的基础上，青少年宫重视为青少年搭建自我展示平台。定期组织学生开展艺术汇报展演、书画手工作品展，举办的"童心向党　美育陕西""喜迎二十大　笔墨庆七一""唱红歌赛歌会""讲述革命故事""走进法治教育基地"等文艺活动，为学生提供了艺术鉴赏、艺术实践的平台，提升了青少年审美能力和人文素养；举办"我的红军连""黄河驿站""走进革命圣地，继承延安精神""奇趣动物世界""联防战役""大汗的盛宴""解密康巴什"等研学活动，以生动的形式讲述红色故事，开阔了学生视野，提高动手能力，磨炼意志品质；定期组织青少年参观法治教育基地，通过普法学习，培养他们的法律意识和辨别是非的能力；举办未成年人心理健康讲座，帮助青少年树立正确的人生观、价值观，让自信的笑容绽放在每个孩子的脸上。

图 2　2020 年 11 月 6 日青少年宫组织十一中学学生走进法治教育基地

为回应青少年学员和家长服务便捷化的要求，青少年宫在神木市老城区的协调下开辟了青松苑、金秋苑两处新的教学点，形成了"一主两分、资源共享"的服务新格局，学员需求的多样化得到了更大程度的满足。

5　紧跟时代步伐，以改革促发展

作为神木市事业单位改革试点单位，为进一步提高青少年宫科学决策能力和现代化管理水平，努力实现社会效益与管理效率的有机统一，青少年宫主动加强民主管理，于 2022 年 4 月成立"青少年宫管理委员会"，2022 年 10 月成立"中国少年先锋队神木市青少年宫工作委员会"，使自身治理结构得到优化。

2022 年 11 月，经中共神木市委机构编制委员会同意，神木市青少年宫正式加挂神木市青少年服务中心牌子，在组织开展日常教育、活动、培训工作的同时，承接政府购买公共服务，增加了制定全市青少年发展工作计划、提供青少年权益保障服务、组织开展关爱青少年活动和青春驿站青年之家等团属阵地的运营、管理、日常维护等多项重要职责。这标志着神木市青少年的工作迈上新台阶、踏上新征程。

展望未来，神木市青少年宫将在神木市委、市政府和团市委的坚强领导下，不忘为党做好青年工作的初心使命，坚持问题导向，深入研究神木青少年群体的思想动态和新形势下青少年工作新变化，在组织开展科技、文化、艺术、体育等竞赛、展演、交流、培训等基础性业务工作的同时，进一步拓展服务领域，组织开展青少年法律服务、心理健康教育、自护教育、就业创业、困难帮扶、应急救助和青年社会组织引导服务等工作，服务青少年健康成长，推动青少年事业高质量发展。

作者简介：张书平，男，大学本科学历。现任神木市青少年宫主任。研究方向为青少年成长与健康、青少年心理健康、青少年宫课程设置等。

艺术浸润一颗心，文化点亮一座城

——神木大剧院"城市文化孵化器"实践之路

王　霞　刘宇歌（神木大剧院）

神木大剧院位于滨河新区和谐广场东北侧，外观浑圆巍峨，为"卵"形造型，寓意"城市之卵"，象征城市文化的孵化器，荣获中国建筑行业工程质量最高荣誉奖"鲁班奖"。神木大剧院属国家 A 类剧院，总建筑面积 3.3 万平方米，可容纳 1128 位观众。自 2017 年 10 月运营以来，大剧院不断创新运营机制，推出各类艺术精品演出，开展系列艺术普及和群众性文化活动，以实际行动彰显"城市文化孵化器"的责任和价值。

图 1　神木大剧院

1　创新运营机制，实现多元利益相统一

神木大剧院由神木文旅集团运营管理，设有票务营销部、广告宣传部、演出部和技术部 4 个职能部门。

作为一家文化企业，神木大剧院坚持"优秀剧目+优质服务"的发展理念、"内容为王、服务至上"的管理策略、"以市场为中心"的经营战略，在做好文化演出这个基础产业的同时，充分利用自身的大剧院品牌、场馆空间、社会资源、优势业态等，拓展演出定制、场地租赁、艺术培训等业务，探索现代化剧场运营管理新路径、现代文化企业"战略+平台+品牌+服务"高质量发展新模式，形成"剧场+影院+出行"的运营综合体，不仅为观众提供优良的观剧体验，为演出团体、相关机构提供一流的场地服务，还通过健全内部激励机制，开展公共文化服务和全民艺术普及活动等，实现公司效益与员工利益的统一、经济效益和社会效益的统一。

2　让市民在家门口，欣赏顶级文化艺术精品

作为神木文化标志性建筑，同时也是公共文化服务的重要阵地，神木大剧院以助力建设"陕北高原艺术高峰"和一流"城市文化会客厅"为己任，让市民在家门口就能欣赏到来自各国、各地的顶级艺术精品，先后推出大型舞剧、经典话剧、大型交响音乐会、室内音乐会、杂技曲艺、儿童剧等精品演出项目，累计引进高质量精品节目百余场次，共有来自世界 10 个国家和地区的超过 3000 位艺术家登上神木大剧院舞台，让 8 万多神木市民近距离享受稀缺的艺术精品、高品质的文化盛宴。

2019 年 7 月，中国歌剧舞剧院艺术培训中心神木基地在神木大剧院挂牌成立，神木大剧院同时也成为中国歌剧舞剧院考级委员会神木考区、中国歌剧舞剧院创作采风基地、中国歌剧舞剧院展示中心，并由神木大剧院组建了中国歌剧舞剧院神木少年艺术团。授牌仪式当天，中国歌剧舞剧院还举办了"华夏根·黄土情"陕西（神木）第二届全国合唱艺术节活动，为神木市民献上了"情满中华"合唱音乐会演出。

3　深耕文化惠民，强化公共文化服务

为了更好地服务市民精神文化生活，神木大剧院依托优秀精品剧目和艺术讲座资源，组织开展艺术进校园、进企业、进商场活动，先后举办了周末市民音乐节、市民文艺下午茶、父母学堂和本土艺术家的画展、艺术品展、摄影展等活动，开展钢琴大赛、曲艺大赛、书画大赛、艺术展演、孔子文化节、亲子绘本阅读等艺术普及和阅读推广活动 103 场次。2018 年，神木大剧院推出自己的微信公众号，启动线上线下相结

合的服务新模式。

为了使更多市民有机会欣赏高雅艺术，神木大剧院通过降低票价、"早鸟票"、活动日购票优惠以及邀请环卫工人免费观看演出等方式，让高雅艺术惠及更多的普通群众，让广大群众共享文化发展成果，包括《鸿雁》《岩石上的太阳》等多部大型剧目都被纳入"文化惠民"活动。2022 年神木大剧院被评为"神木市文明单位"。

4 组建合唱团，推进群众艺术普及

合唱是大众参与最为普及的一种音乐形式。为了更好地发挥合唱艺术对传承爱国主义精神、激励人们奋进的作用，神木大剧院组建了公益性合唱团体——"爱唱团"。"爱唱团"既无门槛，也无费用，吸引了上千位热爱唱歌的市民参与。除了日常的培训、排练之外，"爱唱团"成员每月一次相聚在神木大剧院专业舞台上，像专业演员一样表演、像艺术家一样歌唱。该活动既丰富了市民的业余文化生活，又推动了群众合唱事业的发展。

为了给全国歌唱艺术家、合唱爱好者提供一个专业歌唱舞台，在中国合唱协会、中共神木市委、神木市人民政府的共同支持下，神木大剧院于 2018 年、2023 年两次承办"华夏根·黄土情"全国合唱艺术节，共有来自全国十几个省市的 50 多支优秀合唱团队、3000 多名合唱演员来到神木大剧院，展示合唱这种"激励人民、展示风采"的文化盛宴，以歌会友、以歌扬情，为神木市民提供一次享受高规格、高质量音乐艺术熏陶的机会的同时，也展示出神木的城市形象，提升了神木的文化创造力和影响力，为神木文化事业发展注入新动能、新活力。

5 筑牢安全责任意识，营造安全服务环境

自运营以来，神木大剧院不断强化安全重于泰山的责任意识，始终把安全工作放在首位，定时进行安全大检查，排查隐患，开展消防安全培训，细化演出安全和剧院安全管理制度，制定安全防范工作预案，强化员工安全意识教育，从未发生过一类安全责任事故和消防安全纰漏等，营造出良好的安全服务环境，全力保障群众生命财产安全和社会稳定。

面向未来，神木大剧院仍将坚持社会效益优先原则，继续做好运营升级、节目引

进、演出服务，实施产业转型升级计划，创新打造具有浓厚文化氛围的城市综合文化创意园区，在为群众带来丰富的文化艺术体验和更加贴心的服务的同时，进一步增强市场竞争力与抵御风险能力。

作者简介： 王霞，女，大学本科学历。现任神木大剧院运营总监。多年从事大剧院运营及活动策划工作，累计统筹剧院各类演出超 200 场，参与执行神木文化旅游节、汽车博览会等各类节庆晚会活动超 30 场。

刘宇歌，女，大学本科学历。现就职于神木大剧院。获神木文旅集团宣传标兵荣誉称号，主导拍摄的宣传片《剧院之歌》获"我和我的神木"MV组三等奖。

第二编

"一山二水三城"：
转型发展沧桑巨变中的神木魅力

山登绝顶我为峰

——自然与人文交相辉映的神木二郎山

雒　虹（西安交通大学）

二郎山位于神木市区窟野河西岸，俗称"西山"，素有"陕北小华山"美称，是神木的标志性自然人文景观之一。尽管二郎山只有 1082 米的海拔高度，却有独一无二、卓尔不群的魅力，正所谓"山不在高，有仙则名"。

1　"登顶为峰"之渊源出处

在古人咏山的诗作中，常常用到"绝顶"一词。南朝沈约《早发定山》中的"倾壁忽斜竖，绝顶复孤圆"，唐杜甫《望岳》中的"会当凌绝顶，一览众山小"，宋陆游《老学庵笔记》中的"其东北绝顶，又有上清宫"等，既表现出山势的雄伟，也反映出诗人的高远志向。据说近代民族英雄林则徐从小聪明过人，在他还是七岁孩童时，私塾先生带领着学生上山踏春，被山光海色陶醉而一时诗兴大发，提出以"海""山"两字作为开头，要求学生作一七言联句。才思敏捷的林则徐略加思考就作答："海到无边天作岸，山登绝顶我为峰。"语出惊人，气度不凡，先生连声称他为奇才。

林则徐（1785—1850），字元抚，福建侯官人，是中国近代杰出的民族英雄和政治家，一生经历跌宕起伏，历任为官达十四省之多，与陕西有很深的渊源。林则徐曾在 48 岁、53 岁、62 岁三次到陕，先后担任过陕西按察使兼署布政使、陕甘总督、陕西巡抚，在整治吏治、发展经济、社会治理、赈灾济民、地方建设等方面作出了很大贡献，也在陕西留下了不少珍贵墨宝。1846 年林则徐任陕西巡抚，专程到蒲城为王鼎守心丧 3 个月，住进了地处蒲城权把巷六号王鼎族弟王益谦的家宅院，并在此书写了七块匾额，后该院改建为林则徐纪念馆。

民国时期，有"塞上墨魂"美誉的神木籍著名书法家王雪樵，将林则徐作的"海到无边天作岸，山登绝顶我为峰"题写在二郎山的月门牌楼上，以此诠释神木二郎山之"绝顶"魅力。登二郎山，沿途可以深层次体验秀美险峻的奇山峰林，还可以瞻阅欣赏历史文化，当你登上山顶的那一刻，就可以将风光无限的神木全貌尽收眼底。

2　"二郎山"名之古老传说

网上做攻略查找"二郎山"，同名的有河南省舞钢市二郎山、四川省二郎山、山西省长治市沁县二郎山、山东省淄博市博山区二郎山、甘肃省岷县二郎山。相比而言，与神木二郎山有关的故事，更多地寄托着百姓祈盼风调雨顺、向往一方平安的美好愿望。

图1　二郎山

传说丝绸之路开拓者张骞出使西域时，一匹满载了物资的骆驼神秘走失，它一路跋涉来到神木芹河与窟野河的交汇处喝水，痛饮了两条河的河水后，迷恋上此地的美丽风光不愿离开，就化成了这座风光无限、奇险秀峻的石山，永远与这片土地融合在了一起。因为山形似双峰突起，形如骆驼，也被人们称为"驼峰山"。

至于冠以"二郎"称号的原因，流传较广的是二郎神捉妖宁水、保得一方平安的美丽神话。二郎神本是道教正神，有关二郎神的神话故事很多，在《西游记》和《封神演义》中，"二郎"被塑造为神通广大的三只眼二郎神杨戬。

传说上古时期窟野河因有巨石挡道，经常洪水泛滥，危及沿河百姓。一日，有"水神"之称的二郎神途经神木时突闻哭声震天，经打探得知窟野河发洪水淹没了沿河村庄，吞噬了河两岸良田，导致百姓居无定所、食不果腹。于是二郎神举起三尖两刃刀劈开巨石疏通河道，并命龙王派兵驻扎河岸。凶猛的洪水被制服，窟野河两岸百姓开始过上好日子。为了纪念二郎神和龙王的丰功伟绩，百姓将劈开后留在窟野河西岸的巨石称为"二郎山"，在山上修建"二郎庙"；而留在河东岸巨石则被称为九龙山，以此来祭祀龙王。

实际上根据二郎山庙的碑文记载，在明正统年间，由于人们的生产条件还很落后，靠人的力量治理不了窟野河，就期盼能借助神的力量。这时，就想到了"治水之神"赵昱赵二郎。因此，人们就在山上修建"二郎庙"作为山上的一座主庙，这座山也因此被定名为"二郎山"了。

3　身临其境之沉浸体验

虽然笔者一直对二郎山盈盈于怀，待真的到达神木时，却连续两天忙于事务而无暇登临。好景不怕晚，第三天的中午时分，我终于站在了二郎山脚下。仰望着因地就势蜿蜒而上、两侧崖悬空的山峦，深深地感受到它的沧桑和坚毅。

进到山门，看到了正面刻着楹联"海到天边天作岸，山登绝顶我为峰"，额"一山无峙"，背面是"欲上青天揽明月，更倾东海洗乾坤"，额"锦绣河山"。站在二郎山吟吮玩味着"山登绝顶我为峰"一句，我眼望长城秀逸，窟野东流，平沙万里，大漠孤烟，心中"陡然生出一股英雄气来"。

窟野河、秃尾河汇流于山前，雄伟的长城穿行于后。西边沙石相间，一片松林，东面石壁陡峭，松柏挺立。穿过山门拾级而上，走过一个个庙宇。随行的导游介绍道："二郎山的每一块石刻、每一块碑刻都是有故事的，它记载的可能是一个历史人物、一件历史事件或是一个历史典故。"

约1公里的山脊上，除了与最初镇水功能息息相关的二郎庙外，依山而建的庙宇有100多座，真可谓"一山容百庙，一庙藏古今"。分布的主体建筑依次有地藏洞、八仙洞、古佛洞、浩然亭、二郎庙、龙母庙、诸神殿、仙家庙、三教殿、倒座观音殿、祖师庙、娘娘庙、山神庙等，建筑多为明清时期的遗存，亦有后世的补修与重建，疏密相间，形体各异，布局合理，虽险若固。

图 2　二郎山牌坊

各殿内泥塑多为新塑，壁画则有年代。如建于明正统年间的距今已有 500 余年历史的地藏洞中，圆形藻井石雕图案的八卦、龙凤、莲花汇聚一起。龙凤为主，莲花聚顶，图案整体造型优美，栩栩如生，雕刻细腻，引人入胜。

在四合院制的二郎庙外，赫然在望的"九龙戏珠"明代照壁迎面而出，浮雕的"九龙治水图"中的九条巨龙各具神态；"虎啸图"位于其后，猛虎威风凛凛，活灵活现。据记载，照壁高 4.2 米、宽 2.95 米、厚 0.58 米，壁芯采用减地浅浮雕之法，建造者的目的是"以龙治水、以虎镇山"，具有较高的艺术性和史料价值。

据神木县志记载，二郎山庙创建于明正统八年（1443），嘉靖年间重修诸神殿顶梁上有"大明亮靖二十四年岁次乙卯五月十七日立"字样，距今已有近 600 年的历史。山势的险、峻、奇与庙宇群释、儒、道三教合一的宗教景观浑然一体，丰厚的宗教文化底蕴、自然与人文的神奇交融，让二郎山历经岁月洗礼却依然流光溢彩，焕发着神秘、庄严而迷人的神韵。

4　民族情怀之"浩然"气节

一路凭栏远望，神木市全景和"骆驼"头上"二郎山"三个金光灿灿的大字尽收眼底。继续沿着陡峭的三百六十多级石阶拾级而上，登至三百二十多级便是山半月门牌楼。过了山半月门牌楼，沿着"骆驼头上"的"之"字形曲径再往上，便来到了"浩然亭"。

"浩然亭"是凿刻在石头中的一间小石窟，平面呈长方形，面阔 3.8 米，进深 3.0 米，高 2.2 米，窟内四壁嵌有抒发抗日报国的诗文碑。石窟开凿于民国二十八年（1939），与当地名士王雪樵有着密切关联。王先生是清末民初人，近代书法大家，官至北洋政府农商部主事，后因深感政治黑暗，辞官归隐，以书墨一了残生。"浩然"二字取自孟子"吾善养吾浩然之气"一语，王先生题"浩然"二字应该在很大程度上反映了当时的心境。

抗日战争爆发后，国民党东北军骑二军军长何柱国率部队驻防神木，军民抗日情绪空前高涨。何将军邀集市民阶层中的有志之士在浩然亭前笔会盟志，寄意神木人民在日本侵略者面前正大阳刚的民族豪气，表达崇高的民族气节和高尚的民族情感，他奋笔疾书，写下"天地正气"四个苍劲有力的大字，以表自己誓死抗击日寇的决心和信念，赋予了"浩然亭"深刻的时代意义。

人因神勇，神凭人灵。游览山中，令人感到震撼的绝非只有美丽的景色，还有时刻能够感受的民族气节和精神力量。公元 1000 年前后，北宋时期赫赫有名、身为一方豪族的杨家将祖籍就在这片古称"麟州"的神木大地上。在中国历史与历史戏剧中著名的北宋抗西夏名将、南宋抗金名将家族杨家将，折家军、佘太君的故里府州（今府谷），也都在"麟州"一带和长城沿线。正所谓江山处处，当可为忠烈者以设殿堂。

五代时期，后晋石敬瑭将燕云十六州割让给了契丹。麟州靠近契丹占领区。为了对抗契丹贵族，杨宏信自立为麟州刺史。从杨宏信开始到长子杨重勋、长孙杨光，三代都是麟州地方最高长官。《神木县志》载有北宋皇祐三年（1051）十月欧阳修撰写的《杨琪墓志》，对杨氏家族叙述甚详。杨琪是杨光的长子，累官至供备库副使，卒于皇祐二年六月，年七十有一。据《杨琪墓志》记载，杨继业是杨宏信的次子，杨延昭是杨继业的儿子，"父子皆为名将，其智勇，号称无敌。至今，天下之士，至于里儿野竖皆能道之"。欧阳修是北宋名臣，又潜心研究史实，著有《新唐书》和《新五代史》，是一位严谨的历史学家。他的记载解决了杨家将籍贯问题的争议，杨家将的故事为后人广泛传颂，"二郎山"作为麟州故城一道天然屏障，所传承的保家卫国精神为世人敬仰。

"张公庙"独有的传说也丰富了二郎山的文化内涵。张公庙是神木人张坚为其父张锐修建的家庙。张锐官至宣府参将，明正统年间，因在土木堡之战中英勇殉国，追封为光禄大夫。张坚长子张泗、四子张溟，世职参将，阵亡。五子张刚，曾任固原总兵，死后追赠都督。张刚之子张斌曾任高家营参将，屡建奇功，在沈阳阵亡。张斌之子张拱薇，曾任三屯营副总兵，阵亡。其子拱祯，任山西平阳营游击，阵亡。这是神木一个英雄的家族，五代人前赴后继为国捐躯，保家卫国风骨不改，其精神光耀千古。

图 3　二郎山风景

5　历史底蕴之文化遗存

二郎山还有一个名字叫"笔架山"。二郎山虽说远算不上雄伟，但却起伏峭凌，自成一体。缓步上山，山体斑驳，坚硬的岩石有的被风蚀成片状，似一本厚厚的书，页脉清晰；有的却又好像经沙石肆虐击打成了蜂窝状，密密匝匝地连成一体，颇为奇丽，让人不由得感慨大自然的神力。正德十三年（1518 年），明武宗皇帝朱厚照巡幸神木，观其形似笔架，赐名为"笔架山"。有时在夏秋之际，日落之时，天空布满云霓，山的上空突然会呈现二郎山的形状，且宫殿、庙宇、树木均十分相似，如同海市蜃楼奇观，当地人称其为"现山"，文人吟咏其为"笔架蒸霞"，为神木八景之一。

行走山中，零距离感受到的是厚重的历史文化底蕴。每到之处，门牌楼上、石窟中、庙宇里，随处可见先贤们题的对联、诗文，仿佛在与古代的将军和诗人们对话，顿时会有一种徜徉在历史长河、文化长廊的奇妙感觉。

北宋名臣范仲淹、沈括等封疆大吏曾驻守麟州，期间他们留下了不朽的诗词。沈括撰诗可为二郎山佐证："二郎山下雪纷纷，旋卓穹庐学塞人。化尽素衣冬未老，石烟多似洛阳尘。"范仲淹所作《渔家傲·秋思》："塞下秋来风景异，衡阳雁去无留意。四面边声连角起，千嶂里，长烟落日孤城闭。浊酒一杯家万里，燕然未勒归无计。羌管悠悠霜满地，人不寐，将军白发征夫泪。"表达了守边将士不畏艰苦的英雄气概和慷慨赴敌的壮志豪情，读来一腔平添豪气。笔者很想考证一下，当年他是否是仰望着二郎山而作出此词？

山上随处可见境界高深、值得品味的一副副对联。浩然亭外有一联："绝壁千仞下临一水，双峰高耸遥对九龙"，亭洞窟又有"山环水遥，月白风清""浩充天地形影外，然爱风云变化中""笑谈随口皆是道，吟咏无心俱成诗"等联，描写了二郎山迷人的自然风光和人文魅力。

二郎山还是一座碑石书法宝库。山上保存明清及民国碑石60多块，摩崖题刻4方，书法上篆、隶、楷、行、草均有。浩然亭石壁正中存有"孝悌忠信礼义廉耻"八个篆书大字，笔画圆润劲健，刚柔相济。石壁右侧有隶书《劝耻篇》，因为碑上抹有水泥，文字已不能连贯，但仍可看出"卧薪尝胆十三载，周文王囚于狱间，韩信受胯下之辱，耻食周粟首阳隐身"等字样，李文蕴书，字体结体匀称，古拙厚重。楷书当以立于嘉庆四年的《圣母殿香灯碑记》为妙，碑文详细记叙圣母殿经费运转事宜，字迹一笔一画看似保守，却是端庄俊逸，力透纸背。清道光三年的《重修驼峰山诸神殿碑记》为行书，碑文记载山美神灵，字体飘逸，章法严谨，气韵不凡。朝仙洞洞额上的草书"朝仙洞"三字，笔势连绵丰满，自然流畅。刻于民国年间的"八仙洞"三字非常有趣，自带仙气，疑为醉书。此外，著名爱国将领邓宝珊将军的题词"清凉佛地"也弥足珍贵。

一路陪同的讲解员自豪地说，改革开放以来，神木的经济硬实力骄人，对文化资源的开发保护也不断强化，完善景区设施、交通道路和景观建设，重点打造4A级景区，把"二郎山"真正打造成了人们心中的"神山"。每年有正月初八、四月初八、六月二十二共三次庙会，二郎山庙会日场面壮观，即使深夜游人也络绎不绝。

6　古今交织之现代繁荣

为进一步挖掘二郎山丰富的自然人文资源，让传统文化魅力展现出当代价值，2020 年 12 月，《神木市二郎山创建国家 4A 景区整改工作实施方案》实施，行业部门加大日常监管力度，着力在旅游管理、旅游服务、旅游营销三方面的智能化、便捷化上下功夫，真正实现让游客与网络实时互动，让游程安排进入触摸时代。在现代化背景下，二郎山承载了人们对大自然、对绿水青山的无限向往之情。

二郎山不仅是一个历史文化的富集之山，同时也是外地游客和本地市民享受现代文化生活的重要文化空间，每年农历正月初八、四月初八和六月二十二，神木二郎山都按时举办传统庙会，神木群众和慕名而来的外地游客，在庙会上赏舞狮、品国乐、观非遗、尝美食、听大戏、赏民俗，群众与非遗大师零距离互动交流，体验传统文化与现代文化交相辉映的精彩互动。

图 4　古今交织的二郎山

山是城的根，城是山的魂。虽说二郎山在我国不止一处有，但对于神木二郎山来说，一半是自然，一半是人文，不仅深受厚重历史文化的熏陶，同时还因旖旎山色和险峻风光，充分展示了自然景观与人文景观的完美融合，体现了中国包容兼爱的精神和建筑的巧妙构思。二郎山不单是一座山，更是象征着文化源远流长的庙宇群，是穿越历史时空的活化石。

大美之外，令人不禁抚今追古，人文情怀油然而生。正如清代嘉庆时《葭州志》里记载："二郎山在州西六十里，上祀清源妙道真君故名。"故有文人作诗如下：

塞外胜景二郎山，犹如巨龙落人寰。百丈摩崖经风雨，三教合一融寺观。

险峻却有白云伴，清秀皆因碧水环。不美名山高与大，独标个性天地间。

从一座山，爱上一座城。在神木，你可以感受名山古老传奇与当代璀璨文化的交织，体会世代神木人民对美好生活的期待和信心。

作者简介：雒虹，女，大学本科学历，副研究馆员。现工作于西安交通大学图书馆。研究方向为图书馆信息管理、志愿服务等。发表学术论文30余篇。

歌从黄河岸边边来

——用民歌传承文化基因

胡竹林（陕西省图书馆）

在中国的土地上，只有为数不多的几个以"神"命名的县（市），神木便是其中之一。传说因古麟州城"巽山有神树二株"得名，宋朝有神木寨，元朝至元六年（1269）设神木县，神木就这样把她的神奇壮美泄露给了世界。

1 二水交汇润神木

神木地处陕北黄土高原和毛乌素沙漠过渡地带，地貌丰富。神木北部沙丘绵延、川道开阔，可以策马扬鞭，逐水草而居；神木南部丘陵起伏、沟壑纵横，适合春耕夏种，进行灌溉农业；东边的黄河，西边与北边的沙漠、南边的低山，数不尽的塬、梁、峁、壑、丘陵、沟川，还有河里的黄水、地上的黄土，一起构成了大漠边关黄土高原特殊的自然景观。

黄河由地处晋陕大峡谷的榆林市府谷县白云乡流入神木县境，沿马镇、沙茆、贺家川、万镇四个乡镇的边缘流至界牌村，然后进入佳县，神木境内流长98公里，流域覆盖219个村庄，共计879平方公里，占全市面积的1.4%。神木的沿黄公路串联起天台山、西津寺、河津寺、凤凰山等多处风景名胜地，形成了一条兼具生态旅游、文化观光、城镇发展的多功能经济带。

窟野河是黄河中游的一级支流，她自西北向东南静静地从神木穿行而过，像一条长长的飘带，连接了沙丘、草原、沟壑、梁峁、山川，境内流长159公里，流域覆盖大柳塔、中鸡、孙家岔、麻家塔、永兴、店塔、城关、西沟、栏杆堡、解家堡、瓦罗、太和寨、沙峁、贺家川等17个乡镇496个村庄，共计3867.7平方公里，蜿蜒曲折于沙峁头汇入黄河，滋润着这片大好河山。窟野河的上游有大漠草原的苍凉壮丽，中游有塞上古城与现代都市的风貌，下游有黄土丘陵的乡村田园风光，这三种完全不同的自然人文风光，被窟野河完美地串联在一起。在每年7、8月的暴雨季节，地表径流大量入河，形成著名的神木八景之一——"窟野轰雷"。

2 一方水土养一方人

神木位于陕西、山西、内蒙古三省（区）的接壤地带，历史悠久，黄土文化、草原文化、黄河文化、长城文化在这里交相辉映。黄土高原是指东起山西太行山，西至甘肃、青海、宁夏祁连山，北联内蒙古高原、南接陕西秦岭以北的黄河中上游流域的广大地区，包括了山西高原、盆地、内蒙古高原、河套平原、陕北高原、宁夏川区、祁连山地、陇东高原、青海川区等多种地貌，是世界上最大的黄土分布区，海拔多在2000 米以下，雨量偏少，大多为沟壑纵横、土质松软、水土流失严重、旱灾洪灾频繁的贫瘠之地。神木市东侧的黄河，西北边的沙漠和长城，西边的土塬和丘陵，南边的低山，形成了相对隔离的地理环境。尽管千百年来，中原汉族农耕文化和西北少数民

图 1 流经神木市的黄河

族的草原游牧文化在这里相互包容、相互促进，与这种地理条件相适应，但神木的民间文化却在数千年的传承中，始终保持并不断强化着自己的独特个性，形成了独特的地域特色和风土人情。

在黄河、窟野河、秃尾河等众多河流的滋养下，早在6000年前的红山文化时期，这里就出现了人类活动。5000年前的新石器时代，进入了人类聚居、高度发达的时期。现存史前最大城址的石峁遗址，被誉为华夏第一城，或为4000年前中国北方及黄河流域的文明中心。秦汉时期，这里有驰名中外的秦直道、秦长城。宋元时期，这里是"杨家将"守卫中原、抗击外夷的边关前哨，杨家将保家卫国的故事传唱至今。

神木是陕北革命老区的组成部分，有着光荣的革命传统。1927年党组织在神木创建，1934年红色政权创建，开辟了神府革命根据地。新民主革命时期，张闻天、贺龙、刘志丹、白求恩、马文瑞、乌兰夫等都在这里留下工作生活的足迹，红色文化的印记随处可见。1936年，刘志丹率红二十八军进入天台山，在3月31日晚强渡黄河，一举攻克山西省兴县罗峪口镇，歼敌一个营。次日，刘志丹又挥师攻克黑峪口镇，有力地配合了东征的主力红军，留下了不朽的传奇。1936年4月14日在中阳县三交镇战斗中，刘志丹亲临前线侦察敌情时不幸左胸中弹，壮烈牺牲，年仅33岁，毛泽东誉其为"群众领袖，民族英雄"。如今，刘志丹纪念碑傲然屹立在黄河岸边的天台山上，纪念碑上刻有周恩来、朱德等人的题词，这里成为缅怀革命先烈的纪念之地。窟野河畔，贺家川镇在1925年就有了党的地下活动，1927年建立了神府地区的第一个农村党支部，1934年创建神府革命根据地。抗日战争时期，贺家川及周边所属村镇是晋绥边区和八路军120师的巩固后方，晋绥边区和八路军120师政治部、后勤部、卫生部、《抗战日报》社、洪涛印刷厂、被服厂以及陕甘宁边区第一河防司令部等单位都驻扎在这里。白求恩在这里的医院为伤员做过手术输过血，留下了一曲著名的国际主义共产主义战士的颂歌。

3　一声酒曲诉衷肠

神木民歌属于陕北民歌的范畴，历史悠久，题材广泛，旋律优美，粗犷淳朴，深受当地群众喜爱。作为一种极具地方特色的文艺形成，千百年来陕北人"感于哀乐、缘事而发"，用民歌来抒发自己的豪气，宣泄自己的情感。在这里，黄土高原广袤无垠、峁梁起伏，雄浑中透出几分苍凉；在这里，黄河汹涌澎湃，山川逶迤、沟壑纵横，壮美中蕴藏着几分秀丽。黄土高原的独特风貌，赋予陕北民歌独特的地缘基因，体现人与自然的和谐共鸣。

神木自古就有唱歌敬酒的习俗，神木酒曲传唱遍及全市各地，在境内长城沿线及北部风沙草滩地区更为普及，真可谓"北乡的沙蒿蒿南乡的枣，神木的酒曲儿多得像毛毛草"。神木酒曲的内容涵盖了诗歌、谜语、寓言、神话、对联、成语、典故等方面的文化元素，也包括了劳作、放牧、搬船、自然景物、历史名人、地名、爱情、交友、饮食等方方面面的内容。神木人民在婚姻嫁娶、逢年过节、欢庆丰收、亲朋相聚的时候，常常边饮边唱，用歌声来祝愿、庆贺并邀请对方饮酒。酒曲的歌词从演唱形式上来看，可以分为敬酒曲和对酒曲两大类。敬酒曲主要唱给尊贵的客人、长辈以及亲朋好友，以敬仰、赞颂和祝福为主题，并以"唱起来"或"一清干"或"底盅清"等结尾。此种酒曲于敬重中带指令性，被敬者必须满饮。对酒曲主要是在以娱乐为主的酒宴上进行，主、客都可以唱，主唱和对唱以问答的方式，你来我往接着唱，谁唱不上谁喝酒，允许"见景成歌"出奇制胜，只有见识博闻、思维敏捷者方能免于罚酒。

图 2　神木酒曲表演剧照

神木酒曲在内容上各不相同。《请客曲》以谦逊的态度唱出对亲朋好友喝酒的邀请："风尘尘不动树梢梢摆，什么风把亲亲刮将来。双手手敬你酒一杯，喝了酒儿表心意；前三天梦见你后四天来，我给你炖好长粉条猪肉菜。这杯杯酒儿敬给你，恳请亲亲喝起来。"《起酒曲》用唱曲表示酒宴的开始："前室点灯后室明，照见主人大酒瓶，三道两道尽你斟呀，道道上来都要清。"《敬酒曲》是端起酒盅请求客人把酒喝下去："酒瓶抱在怀，我有那曲儿唱起来，拦羊嗓子回牛声，一声就把天惊开。哎哎，对面洼，对面崖，对面的好汉你过来，咱二人唱它个喜开怀，阎王爷见了咱也喜爱。"《劝酒曲》是在客人不喝时唱的："烧酒本是五谷水，喝进肚子养身体；人对事对摊场对，三杯杯五杯杯喝不醉。"客人也可唱《辞酒曲》："一墒高粱打八斗，高粱地里有烧酒。酒坏君子水坏路，神仙也出不了酒的够。"表示实在喝不成了。喝到兴头上就唱起《戏谑曲》相互嬉戏了，《散酒曲》用歌声表示酒宴结束。《请客曲》《起酒曲》《敬酒曲》《劝酒曲》《辞酒曲》常常回荡在亲朋聚会、酒宴饭桌间。有酒就有曲，无酒不成宴，歌声不断酒不断，是神木饮酒习俗的一种文化特色，往往有通宵对唱也能歌不重、酒不醉者。酒曲作为人们表达情感的一种艺术形式流传下来，是神木人表达团结友爱、消除忧愁、奋发向上之情的媒介，又是艺术欣赏的活动方式，促进了人民之间的交流，提升人的精神文化品位。作为一种民间文化，酒曲融合了陕北民歌的韵味特点，歌词口语化通俗化，旋律淳朴优美。神木酒曲已被列入陕西非物质文化遗产名录。

4　山歌好似春江水

山歌是神木民歌的重要组成部分。山歌本是群众在劳动中"排忧解乏"即兴抒情的歌，它的节奏自由，抒情味较浓，分爬山调、小调。爬山调音域宽广，大起大落，听来高亢激越，感情奔放，适宜表达相爱相思和感觉之情，多出自男性之口。小调结构匀称、以叙事为主，音韵委婉动听，细腻流畅，一般流行于妇女之中。传统山歌主要表现男女爱情，流传至今的有《走太原》《跳粉墙》等。现代山歌既有咏叹爱情的内容，也有反映革命斗争，歌颂翻身解放、共产党领导以及幸福生活的内容。如20世纪30—40年代的《妇女放足歌》《反围剿》《红军哥哥回来了》，新中国成立后创作的《十唱神木好地方》《三妹子爱上采煤汉》《新走西口》等。

神木民歌里有面朝黄土背朝天的"受苦人"，讲述他们与严酷自然环境相抗争的苦难人生，也有他们对幸福生活的向往、对美满婚姻的追求。"哥哥走西口，妹妹实难留，手拉上哥哥的手，送哥送到大门口。"自明末至民国时期的300余年间，"神木府谷州，十年九不收，男人走口外，女人掏苦菜"。走西口是指明、清至民国时期初年，由长城内的山西，陕西北部、河北及邻近地区的居民因经商或谋生而向长城外少数民族地区迁移的移民活动。走西口的人大多是家里揭不开锅的男人。神木民歌中有一首《走西口》，歌曲热烈而心酸，荡气回肠，唱出了当时的人们迫于生计告别妻儿老小，过长城、渡黄河，前往内蒙古河套地区务农、务工、经商，常常是春去秋回，甚至是有去无回的苦难生活。如"咸丰整五年，山西遭年限，有钱的粮满仓，受苦人一个一个实可怜。官粮租税重，逼得人跳火坑，手中没有钱，不走西口怎能行"；又如"梁头的狐子展不起腰，穷日子逼得哥哥走了河套，提起亲亲跑口外，泪蛋蛋流得泡一杯"。描写儿女情长的情歌在神木民歌里有很多，表现出执着而又淳朴的爱情观：有情有义的"墙头上跑马还嫌低，面对面睡着还想你"；爱慕情深的"上河里的鸭子下河里的鹅，一对对毛眼眼望哥哥"；反对包办婚姻的"大大妈妈心眼瞎，给我寻了一个猴娃娃"；生离死别的"哥哥走了不来了，大放悲声哭开了"；等等。

号子也是山歌的一种，是从劳动呼号历经千百年逐渐演变而过，是劳动人民抒情言志的口头文学创作，最能代表陕北民歌历史悠久、源远流长的特点。溯源而上，《诗经》里的《伐檀》就是在劳动号子基础上形成的一首民歌诗。如打夯号子，是在修筑宅基或堤坝时，为使动作协调一致，由一人领唱众人相和。号子节奏分明，内容自由，见人唱人，见物唱物，也有唱戏文、故事的，常常以"嗨""嗨"托声缀音。

5　无尽长歌颂天地

在延绵不绝的黄土高坡、一望无际的无垠沙海，还有那奔腾不息的九曲黄河，面对单调黄沙、黄土、黄水、黄风和十年九旱的恶劣环境，神木人用信天游唱出了九十九道弯上黄河船夫对苍天的不屈诘问，唱出了九十九座庙前受苦人祈雨的生命呐喊，唱出了九十九道赶牲灵长路上叮咛嘱咐的儿女情怀。美国著名作家埃德加·斯诺在《西行漫记》中写道："走向陕北，才知道什么是真正的中华民族文化。"今天，当我们走进神木，登上雄伟的天台山，可以看到东面陡峭的山崖下是汹涌澎湃的黄河，西面深谷挟持的窟野河由北向南擦山脚而过并在远处汇入黄河。

"你晓得天下黄河几十几道弯唉，几十几道弯上几十几只船？几十几只船上几十几只杆？几十几个艄公把船来搬？……"再次聆听《天下黄河九十九道弯》，你能够体会到船工们是如何用心灵感受生活、用生命拥抱艺术的，黄河船夫的伟大被定格成脍炙人口的经典民歌。此情此景，你更能体会到船工们是如何以其宽阔的胸怀、哲学的思考，伴着优美诗意的信天游，凝练成华夏儿女的天问。赞叹之余，你会发现这正是我们一直向往并固守的精神高地和民族之韵。在科学不发达的年代，人类面对自然灾害、生老病死，难以掌握自己的命运，只能冥冥之中祈求神灵。"晒坏的了，晒坏的了，五谷田苗子晒干了。龙王的老价呦，救万民！杨柳枝，水水飘，轻风细雨洒青苗。龙王的老价呦，救万民！刮北风，调南风，玉皇的老价把雨送。玉皇的老价呦，救万民！水神娘娘把门开，二位神灵送水来。龙王的老价呦，救万民！佛的雨薄玉皇的令，观音老母的盛水瓶。玉皇的老价呦，救万民！"《祈雨歌》既是敬神，又是埋怨神，村民们杀猪宰羊唱大戏，以歌声直抒胸怀。

"走头头的那个骡子呦哦，三盏盏的那个灯；哎呀带上了那个铃子呦，噢哇哇得的那个声；白脖子的那个哈巴呦哦，朝南得的那个呀；哎呀赶牲灵的那人儿呦，噢过呀来了；你若是我的哥哥呦哦，招一招你的那个手；哎呀你不是我那哥哥呦，噢走你得的那个路……"《赶牲灵》以优美的旋律和独特的内容，演绎了一个陕北女子和一个赶脚汉子的爱情故事，朗朗上口，传遍了大江南北。

在内容上，神木民歌是我们祖先唱过的歌，是最珍贵最难忘的乡音，包含着我们祖先对世界、对人生的认识和感悟。在形式上，神木民歌这种上句明亮激越，下句深沉悠然的优美旋律，以及上句起兴下句赋陈的表现手法，保留着2000年前的《诗经》风格，是中华文明连绵不断的典型代表，是存在于我国历史文化中的精神基因。

神木民歌充满了鲜活的诗意，超凡脱俗，神奇浪漫，又风情万种，魅力无限，总能让你感慨万千，情不自禁。流连于窟野河畔，北望连绵的群山，你可否依稀听到口簧、骨笛声声，那是石峁人来自"中华文明的前夜"寄托希望的音乐话语；流连于窟野河畔，西望横亘的长城墩台，你可否听到"四面边声连角起"和戍边杨家将北上卫国、浴血沙场的马蹄声声；流连于窟野河畔，面向奔腾的黄河，你可否依稀听到"风在吼，马在叫，黄河在咆哮"，那是全民族抗日救亡的呐喊……

6　文化惠民春满园

近年来，神木市依托"五千年人文之韵"和"一山二水三城"自然之美，积极抢抓黄河流域生态保护和高质量发展战略机遇，着力打造"一山二水三城"和"四区三带一库"为主要内容的"山水城相辉映、区带库相融合"的文旅融合发展新格局，以"神奇神木·神秘神往"为主题，连续三年举办神木市文化旅游节，大力发展黄河风情

图 3　神木市万镇镇 2023 年 5 月第一届枣花节上的文艺表演

体验游、革命红色游、绿色生态游。2020 至 2022 年，神木累计接待游客 593 万人次，实现旅游综合收益 15.3 亿元。神木市图书馆着力打造以"亲子阅读""乡村阅读""阅读组织制度化建设"为主要内容的全民阅读品牌，连续两年荣获全国"全民阅读先进单位"称号，是全国"服务农民、服务基层先进集体"、全国十佳"最美基层图书馆"。神木市文化馆以全民艺术普及为基础，培育了一批扎根基层的群众文艺团队，在"村晚""快闪""心连心"等群众文化活动方面，形成了一批具有示范引领价值的创新案例，《歌从黄河岸边边来》《毛乌素沙漠的女人们》等文艺作品荣获全国群星奖等硬核荣誉，陕北地方音乐剧《酒曲人生》入选 2022 年陕西省重大文化精品项目，神木市晋剧团原创大型晋剧《母殇》获得文华优秀剧目奖。

2023 年在神木市省文化和旅游厅、榆林市政府支持下，神木市积极策划并承办全国首届"黄河流域公共文化服务高质量发展论坛"。来自沿黄九省（区）和长江流域、珠江流域、大运河流域的 400 多位嘉宾，相聚神木，开启与中国现代大河文明的对话交流、谱写出新时代公共文化服务高质量发展的"黄河大合唱"，在建设中华民族现代文明的征途上，迈出了坚实的一步。

"人生悲欢写沧桑，一声酒曲诉衷肠。"2023 年，神木市从深厚的传统文化中汲取营养，以神木酒曲为创作元素，又先后推出了《酒曲人生》情景剧、《黄河岸边是故乡——神木酒曲非遗展演》晚会等文艺精品力作，全面反映"忠勇、创新、包容、共享"的神木城市精神。

作者简介：胡竹林，男，大学本科学历，副研究馆员。现为陕西省图书馆党委委员、工会主席，担任中国图书馆学会数字阅读推广委员会委员、陕西省公共数字文化建设委员会专家、陕西省图书馆学会理事等。研究方向为图书馆自动化建设、数字资源管理与服务、特色数据库建设等。发表学术论文 20 余篇。

大漠风情，塞上明珠

——相约红碱淖

宋　军（西安图书馆）

这是很多人想不到的一个湖泊。当人们走过满眼褐色的黄土高坡，走进景致单一的沙漠，突然见到这一汪碧水时，无不惊叹天地之神奇，在沙漠腹地竟藏有这样一个美丽得动人心魄的湖泊。它就是我国沙漠中最大的淡水湖泊，位于神木市最北边、素有"大漠明珠"之美称的红碱淖，它以优美的塞外风光和蒙汉两族文化交融的地域风情吸引着四面八方的无数游客，凡到此游览者，无不认为它是最适合休闲娱乐、旅游度假的理想之所。

1　"大漠明珠"红碱淖

红碱淖位于神木市西北部尔林兔镇东北角，处于黄土高原与内蒙古高原过渡地带、毛乌素沙漠与鄂尔多斯盆地交会之处，南距神木市区 70 公里，北与内蒙古自治区伊金霍洛旗相连，距一代天骄成吉思汗的陵园仅 40 公里。红碱淖的名字与蒙古族语有关，"淖"是蒙古族语"淖尔"的简称，在蒙古族语中是水泊、湖泊的意思，而湖岸及浅滩的沙子呈淡红色（盐类表色），湖水为咸水，含有碱，所以取汉语"红碱"二字与蒙古族语"淖尔"，称为红碱淖或红碱淖尔、红碱淖海子。2023 年，被国家林业和草原局正式列为国家重要湿地，也是陕西首个"国字号"重要湿地。

红碱淖形似不规则三角形，东西最宽处 10 公里，南北最长处 12 公里，水域面积 67 平方公里，湖岸线长 43.7 公里，平均水深 15—16 米，最大深度 20 米，湖面海拔高 1100 米，总水量为 8.1 亿立方米。湖面四周地形开阔，林地、草原、田野、沙滩自然景观丰富。湖东尔林兔草滩东西长 25 公里，南北宽 15 公里，有以沙柳为主的大面积固沙防风林草。湖西有 10 万亩的天然草场，水草丰茂，牛羊成群，此处可领略"风吹草低见牛羊"的草原风光。

红碱淖湿地共有 67 个图斑，面积 3307.2 公顷，主要保护对象为黄土高原典型的复

图 1　红碱淖风光

合湿地生态系统及其生物多样性、遗鸥等珍稀濒危物种。

红碱淖景区地处黄土高原与内蒙古高原的过渡地带，拥有得天独厚的自然人文景观，融合草原狂野与江南柔美于一体，兼具神奇与广袤，湿地生物丰富多样，具有重要的生态功能和保护价值，1995 年被陕西省人民政府评定为省级风景名胜区，2012 年被国家评为 4A 级景区，2013 年 10 月被评为国家级水利风景名胜区，2017 年 5 月被评为国家级自然保护区。

2　鱼鸥同翔的红碱淖

红碱淖水域辽阔，水质清澈，环湖四周蓝天、湖水、沙漠、草滩相互辉映，10 公里范围内以及注入的河流均没有受到污染，构成红碱淖优美独特的自然景观和良好的自然生态环境，使它成为许多候鸟理想的栖息地。据统计，共有 40 多种野生动物在此繁衍生息，包括遗鸥在内的国家一级保护野生动物 12 种，白天鹅、鸬鹚、鱼雁、海鸥、野鸭、鸳鸯、白鹭等国家二级保护野生动物 33 种。红碱淖南部区域的湿地，是全球最大的珍禽濒危鸟类——遗鸥的繁殖与栖息地。遗鸥每年 3—4 月飞来，8—9 月初陆续迁离，在这里滞留时间约 5 个月。遗鸥曾一度在全球消失，直到 20 世纪 20 年代才又

图 2 红碱淖遗鸥

被人们发现，刚发现时全球不到 4000 只，在国外仅分布于俄罗斯的贝加尔湖和哈萨克斯坦的阿拉湖，现在全球 90% 以上的遗鸥都栖息在红碱淖。仅 2023 年，红碱淖遗鸥繁殖数量就高达 4980 巢。每逢春秋两季，成千上万只鸟聚集于此，上下翻飞，翩翩起舞，场面十分壮观。

红碱淖不光是鸟的世界，还是鱼的乐园。湖边浅处，一群群的小鱼儿欢快地游来游去，湖心深处，时有一条条大鱼跃出水面，引发人们的惊呼。湖内盛产淡水鱼 17 种，其中鲤鱼、鲫鱼肉质细嫩，味道鲜美，无论是水煮、清蒸还是烤炙，人们但凡食之，无不交口称赞。这里还有野生大银鱼，色泽明亮、身形圆润，质地优良，更是闻名海内，深得美食者的喜爱。

3 美丽传说红碱淖

刚进景区停车场，"红碱淖"三个大字远远地就映入人们眼中。进景区大门后是昭君广场，一座高达 18.5 米、手抱琵琶的昭君塑像矗立在这里，几乎吸引了所有人的目光。人们熟知的中国古代四大美女之一的王昭君为何会伫立在这儿呢？

昭君出塞的故事无人不知。王昭君肩负和亲、安国重任，从长安出发沿着秦直道北上，坐着马车，随着浩浩荡荡的迎亲队伍，历时半年来到蒙汉相接壤的尔林兔大草原。再向前就是匈奴地界了，就要彻底告别中原，进入塞外茫茫大漠草原。昭君下车伫立，回望中原，念及此生恐难再回故土，不由得黯然神伤，泪如雨下。王母娘娘见此情景，心生感动，想永远留住这真情之泪，便派七仙女携七条彩带，各系一股清水，从七个方向飞往人间，七条彩带幻化成七条河流，河流汇聚，日积月累，就有了今天的红碱淖，因此红碱淖又被称作"昭君泪"。为重现昭君出塞促进民族团结的千古佳话，神木县政府于 2011 年委托中央美术学院大师盛阳创作这座"昭君出塞"雕像，18.5 米的高度记录了昭君出塞前在中原生活的时间，哀伤的面容表达昭君对故乡的依依不舍。

图 3　红碱淖的昭君广场

还有一说称红碱淖是成吉思汗的饮马潭，这个故事传播的范围不广。故事说：有一年夏天，成吉思汗率兵南下，马不停蹄，穿越大漠，来到了尔林兔大草原，大中午太阳晒得人脑仁疼，人困马乏，到处找不到一个饮马喝水的地方，士兵们顿时着了急，议论纷纷，成吉思汗也是一筹莫展。就在此时，他的坐骑，一声嘶叫，前蹄登空，一溜烟跑到红石岛附近的一个地方，用前蹄一个劲地刨，没一会儿，一股清泉涌了上来，给将士解了干渴之苦，后来这股泉水日夜不停地往上冒，形成了现今的红碱淖。由于湖的北边临近内蒙古的一些碱湖，雨水多的时候，碱水顺流而下到了这里，所以地面上会有一层淡红的碱土，湖水也慢慢地变成了淡红色，这就是红碱淖名称的来历。美丽的传说寄托了当地蒙汉人民对红碱淖神奇之处的遐想，足见大漠腹地的红碱淖确实是一个奇迹。

4 自然天成红碱淖

实际上，红碱淖是一个非常年轻的内陆湖泊。地质考古表明，晚更新世早期，红碱淖还是神木境内秃尾河上游一个正常河谷盆地，来自上游的地表水和地下水通过宫泊海子向东南外泄。但到晚更新世晚期，由于风沙堆积物向东移动，逐渐将宫泊海子一带的古河道堵塞，低洼的河谷被掩埋，地面逐渐抬高并形成地表分水岭。但此时红碱淖一带仍然只是一片沼泽湿地。

据神木县志记载，20世纪20年代，湖址仍为葱郁丰茂的天然牧场，有一条大道贯穿南北，成为蒙汉交往的重要通道。1929年至1940年由于连续降水，地势低洼的沼泽湿地逐渐形成大约3万亩（1亩＝666.6667平方米）的湖面。中华人民共和国成立后，当地群众大搞水利建设，该湖积水迅速增加，湖面益阔，至1958年达6万余亩。到了20世纪60年代，红碱淖连年遭水灾，加上沿岸有七条季节性河流注入，至1969年涨到10.5万亩，湖岸周长50公里，蓄水量7亿立方米，这是红碱淖历史上最大的水面面积，也形成了陕西省最大的内陆湖。

图4 红碱淖沙海半岛

5　旅游胜地红碱淖

走过昭君广场，沿着青石小径，来到红碱淖湖边，湖面辽阔平静，湖水清澈明净。极目远眺，天空的朵朵白云倒映在随风荡漾的湖水中，水天一色，叫人禁不住走进水中嬉戏。在这里人们可以尽情享受阳光、沙滩和湖水，还可观赏遗鸥、天鹅和湖中自在的鱼群，十分惬意。红碱淖的右侧有一个叫"叨唠窑则"的半岛，这里是景区中的娱乐中区，游客可以在这里滑沙，或乘坐汽艇在湖面上飞驰，还可以玩玩沙滩摩托、骑骑骆驼，还有水陆两用娱乐车、太空球、弹跳飞人等项目可以选择。红碱淖的西南岸有一个面积约 0.39 平方公里的半岛——红石岛，游客可以乘着快艇搏击层层巨浪后抵达。岛上地形奇特，沙滩洁净，是极好的天然浴场。沙上灌木丛生，野生禽类自由繁衍生息。岛的东北角建有龙王庙。整个红碱淖景区夏季气候凉爽，是天然的大型游泳场和避暑胜地，冬季则是天然的大型滑冰场，并可在这里举行盛大的冰灯节。

夏季的红碱淖湖畔，小船著岸偎碧草，水鸟带波飞斜阳，平湖烟波浩渺，草长遗鸥成群，东部的尔林兔大草原草木葱郁、野花缤纷，此时正是红碱淖旅游观光的最好时节。赤脚走在软软的沙滩上，远处隐在丛林中的蘑菇形的凉亭、排排白色的躺椅，让人恍若置身热带南国；乘船漫游湖中，湖水清澈，鱼翔浅底，让人禁不住伸手去抓；乘快艇穿湖而过，沙地、灌木、浪花纷纷映入眼帘，让人神清气爽。徜徉在广阔的尔林兔草原上，采野花、露营、发呆，让人流连忘返。白天，蓝天白云下，骑马、滑沙、快艇、沙漠卡丁车任你选；夜晚，吹着舒爽的风，烤肉、烤鱼、跳舞、观星，让你快乐得忘了回家。大漠风情四季相约在红碱淖，你可以春天来放风筝，秋天来听音乐会，冬天来冰上起舞……在天蓝、水碧、风清中体味蒙汉风土人情，感受大漠风光、边塞魅力。

6　生态典范红碱淖

如今，许多观鸟爱好者到红碱淖去看鸟，近距离观察遗鸥，湿地生态旅游已成为红碱淖的一大主题。根据陕西省农业遥感信息中心的监测，1997 年红碱淖的面积尚有 57 平方公里，到了 2015 年仅剩 31.51 平方公里。著名湿地生态专家陈克林曾认为，红碱淖两条主要补水河流上游分别修建了两座水库蓄水，直接导致红碱淖地表汇水量急剧下降。如果不采取紧急措施，红碱淖将可能成为"第二个罗布泊"。从 2012 年开始，陕西、内蒙古两省（区）开始实施红碱淖生态保护工程，特别是神木市通过控制污染、补给水源、湿地保护、绿化固沙等系列措施，使得红碱淖水位逐渐上涨，生态环境不断改善，成为濒危珍禽最大的栖息地。

现今的红碱淖自然保护区不仅是濒危珍禽遗鸥最大的繁殖栖息地，也是中国中部水禽迁徙路线上的最大驿站，世界珍稀濒危物种遗鸥在全球最大的种群繁殖地。据红碱淖自然保护区工作人员介绍，保护区内国家级重点保护野生动物有遗鸥、黑鹳和大鸨雉等 5 种，国家 Ⅱ 级重点保护野生动物有卷羽鹈鹕、白琵鹭和小天鹅等 18 种，每年都有大量的水禽在此停歇、繁殖，观察到的各类水鸟数量曾达 4 万只以上。每年 4 月至 9 月，大量的遗鸥栖息、聚集在红碱淖，形成了世界最大的遗鸥种群。每年 6 月至 7 月是红碱淖遗鸥的最佳观赏期，红石岛上，成群结队的小遗鸥跟着母亲学习下水游泳的本领。蓝天白云下，成群的遗鸥绕水面碧波而鸣奏，随树影而闪烁。景区举办的"72 小时直播守护遗鸥"大型公益直播活动，不但让人们了解遗鸥的生活习惯，也让人们更多地关注到湿地保护、生态环境相关话题，感受生态保护给红碱淖带来的变化。

站在红碱淖的湖边，望着平静如镜的一湖碧水，我不禁想起了罗布泊。这个水域面积曾经是红碱淖数百倍的湖泊，也曾烟波浩渺，如今却干涸荒芜得让人绝望。现在，我们在红碱淖又看到了罗布泊的希望，让我们"相约红碱淖"，祝愿这颗"大漠明珠"越来越美！

作者简介：宋军，女，大学本科学历。从业于西安图书馆 20 余年，热爱图书馆事业，沉浸于公共文化的建设，愿以己之力，传播弘扬中华民族的优秀文化。

华夏文明前夜第一城

——神秘的石峁古城

马月丽（陕西省图书馆）

4000 多年前，在黄河冲积而成的黄土高原上，訇然石破，惊天而来，诞生了一座巨大而神秘的城池，这就是被誉为"华夏文明前夜第一城"的石峁古城。十多年来，石峁遗址考古工作先后三次入选"中国考古新发现"，两次入选"全国十大考古新发现"，荣获全国田野考古一等奖和世界重大田野考古发现等殊荣。2022 年，石峁遗址外城东门景观入选"国家名片"首组特种邮票《亚洲文明》。石峁遗址考古工作为研究中华文明起源及早期格局、聚落形态演变等提供了全新的研究资料。2023 年的阳春三月，花红柳绿，草长莺飞，我和同事们带着急切而兴奋的心情，踏上开往神木市的高铁，想亲自探究这个神秘古城的前世，倾听这个"石峁王国"神秘的故事……

图 1　石峁遗址

1　石峁探秘：走进史前历史大门

石峁古城位于今天神木市高家堡镇。在镇东面 3 公里处的山峁上，坐落着一个小村庄，因其由数十个石头山峁组成，故名石峁村。在村后的秃尾河及其支流永利河交会的台塬梁峁上，有一座沉寂了 4000 多年的超大型史前遗址——石峁遗址。根据古文献记载和历史地理考证，黄河中上游，黄土高原腹地，是华夏人文始祖黄帝部族的主要活动区域。石峁城址是否就是曾经黄帝部落的都城？

石峁遗址是一处龙山时期至夏代早期的超大型石砌城址，始建时间距今约 4300 年，废弃时间距今约 3800 年，延续长达 500 年之久，是中国已知规模最大的龙山时代晚期城址。2011 年，陕西省考古研究院、榆林市文物考古勘探工作队、神木县文体广电局三家单位联合组成石峁考古队，正式开启对石峁遗址系统全面的考古工作。遗址已发掘各类遗迹百余处，设立考古项目 1100 余项，为我国古代文明探源工程提供了佐证，进一步明确了陕西作为中华文明起源重要区域的历史地位。

石峁城址面积逾 400 万平方米，由"皇城台""内城""外城"三座基本完整并相对独立的石构城址组成。以"皇城台"为核心，内、外城墙呈半包围状拱卫"皇城台"，石砌城垣长度达 10000 米左右、宽度不小于 2.5 米，估算总用石料量 12.5 万立方米。城内在以天然沟壑为界、相对独立存在的 16 个梁峁上密集分布着宫殿建筑、房址、墓葬、手工作坊等龙山时代晚期至夏早期的遗迹，城外尚有数座哨所类的遗迹。

图 2　石峁遗址石雕

石峁遗址考古出土了大量文物，包括各式玉器、神秘石雕、彩色壁画、精致口簧以及数以万计的骨针。通过这些冰冷的器物，我们似乎看到遥远的历史深处，飘浮在聚落上空的袅袅炊烟，听到传说中玉门瑶台悠远的鼓簧之音，感受到石峁王国八面来风的礼乐世界……

在石峁遗址管理处负责人带领下，我们来到了石峁古城东城门址，聆听负责人对石峁考古工作进展及出土文物背后故事的讲解，对石峁先民的敬意油然而生。我们几个人有幸零距离参观了石峁古城东城门的角角落落，看到石头包裹着的墙址、先民们居住过的房屋院落、埋于地下的头骨，看到马面、角台、瓮城址……看着周围的一切，一个问题浮上心头。石峁遗址周围，沟壑纵横，干旱少雨，常年风沙，遥想4000多年前那个刀耕火种的时代，是什么力量让石峁先民们建起如此巨大的一座城池呢？石峁遗址管理处负责人笑着说，据考证，4000多年前的石峁周围，水位比现在要高出20米，森林茂密、绿草如茵，雨量充沛，气候温暖湿润，年平均气温比现在高2度以上，拥有丰富的动植物资源，这些都为石峁先民生存提供了良好的自然生存环境。

2　石峁遐想：华夏文明前夜第一城

随着负责人的讲解，4000年前中国北方区域政治文化中心曾经的辉煌，石峁先民生活的一幅幅画面在我面前徐徐展开……

距今4300年前的一天午后，日头高照，树梢微动。有一群黄帝部落的人沿着黄河西岸缓缓而上，他们好像在赶路、又好像在寻找……当他们走到一个石头堆积的山峁上时，一群人都已经饥渴难耐、疲惫不堪。一位首领模样的人，用威严的眼神环顾四周，而后独自走上山峁高地，搭手远眺，看着周围水草肥美，森林茂密，于是命缓慢行进的队伍停下来，就地卸下行李，安营扎寨。

首领组织人员勘察地形、观测天象，决定在这里建筑房屋，长期居住、繁衍生息。于是，工匠们根据首领的要求设计了包括生活、军事防御、互市交流等各种功能的区域。看着周围绿树丛中隐约显露出的灰色石岩，首领走近看，发现灰色石岩都是天然形成的层叠状，可以一片片敲击下来，真是"踏破铁鞋无觅处，得来全不费工夫"，于是灵机一动，想到采用石包土结构修筑墙体。在部落首领指挥下，建设大军就地取材，各自分工，搬运土方和周围石头，先用夯土筑成土墙，然后外面再用石片一层层砌起来，这样就形成结实耐用的石墙。为了保证石峁王国的安全，政治行政中心"皇城台"建在东西两侧为悬崖，南北两侧为缓坡的石峁上，内城则依山势而建，成椭圆形结构，将"皇城台"包围其中，外城则为向东南扩筑成一道弧形石墙。

看着石峁城址复原图，我和同事不约而同向负责人提出了一个问题，石峁城墙墙缝中为什么会发现那么多玉器，是起到固定墙体的作用吗？负责人给了我们意想不到的答案。石峁先民在砌墙时，给墙体里不同部位嵌入各种大小不一、形状不同的玉器。石峁先民认为玉可以通神，可以辟邪御敌，护佑石峁城池风调雨顺、百姓安居乐业，于是把玉嵌入城墙，墙就有神灵呵护，墙体的等级越高，嵌玉就越多，"皇城台"的墙体就是嵌玉最多的地方。

经过石峁先民代代相传、接续努力，皇城台、内城和外城都逐步建成完善，形成了面积逾 400 万平方千米的固若金汤的石峁城。

图 3　石峁遗址出土神面纹石雕

3　石峁探索：开创文旅融合新实践

为了擦亮 4000 多年前的石峁先民为后人留下的这块"金字招牌"，延续石峁的时代传奇，2021 年，神木市委、市政府根据"黄河流域生态保护和高质量发展"国家战略和"国家级陕北文化生态保护实验区"建设要求，成立了"石峁遗址文化旅游区"

管委会，将距离相隔不远的石峁遗址和高家堡古镇文化旅游资源整合，统一保护开发，力争在"十四五"期间将其打造成榆林市第一个 5A 级景区。

为了提高石峁遗址文化旅游区的服务质量和品牌影响力，神木市做足了文旅融合发展的工作。一是游客服务中心功能设计温馨而周全，包括 VIP 休息室、服务大厅、办公大厅、多功能厅、纪念品展厅、餐饮区、团体服务接待处、调度指挥中心、警务室、医疗救护中心以及可容纳 800 余辆汽车的生态停车场等。二是从 2021 年 10 月至2023 年 2 月，石峁遗址文化旅游区先后举办了"游百年古镇·享陕北年俗""探石峁·游古镇""漫步云星·风情古镇""心系石峁·行则无疆"等十几项大型文旅活动，让游客从旅游中感受到陕北传统文化和石峁历史文化的魅力，从文化氛围中体验到旅游的无穷乐趣。三是常态化开展"石峁遗址文化进校园"活动，考古研究人员定期来到神木市中小学校，讲解石峁历史、分享文物背后的故事，让孩子们以石峁先民为自豪，牢记历史、赓续血脉、传承文明。四是与周边旅游景区互换客源，扩大石峁遗址文化景区与相邻区县、相邻省份之间的旅游合作与文化交流。五是与各大自媒体平台、各级融媒体、流量博主深度合作，通过邀请体验、提供素材、现场直播等方式，在抖音、快手、微信视频号、学习强国、微博等平台推广宣传景区文娱活动，有效地扩大景区知晓度和影响力，吸引了省内外大量游客前来旅游参观。

4　石峁使命：深化中华文明探源工程

石峁遗址的考古发掘表明，石峁遗址属新石器时代晚期至夏代早期遗存，是华夏文明的前夜，其在城市建筑、军事防御、手工技艺、绘画、音乐、艺术、天文、历法、宗教、礼制等诸多方面对人类文明具有重大历史贡献，为研究中国文明起源的多元性和发展过程提供了全新资料，对于探索早期国家形成的历史具有重要启示。

为了对石峁出土的大量文物进行科学保护、研究和展示利用，神木市编制完成了《陕西省石峁遗址保护条例》《石峁遗址保护规划（2016—2030）》《石峁国家考古遗址公园规划》《国家级陕北（神木）文化生态保护区建设总体规划》。石峁遗址博物馆和石峁国家考古遗址公园项目被国家文物局批准立项，石峁国家考古遗址公园荣列第四批国家考古遗址公园名录。

石峁遗址博物馆主要包括博物馆、遗址管理中心、考古研究中心三大功能。博物馆主要满足主题展示、陈列展示、多媒体展示等功能，遗址管理中心主要负责行政和业务管理，学术交流、后勤保障等任务，考古研究中心主要负责围绕石峁遗址开展研究和学术交流活动，如 2013 年的"中华文明探源工程石峁遗址研讨会"，2016 年的"早期石城与文明化进程"石峁遗址国际学术研讨会。2018 年 5 月国务院新闻发布会，将石峁遗址与浙江良渚、山西陶寺、河南二里头的考古成果共同作为组成中华文明探源工程的重要成果，编入国家中小学教材。

图 4　石峁遗址博物馆

2023 年 6 月 29 日，"石峁遗址"在纽约联合国总部启动的"何以文明"全球巡展上亮相，展览首次利用数字化技术构建移动化、全沉浸、交互式的时空框架，使"石峁遗址"同我国其他 9 个中华文明探源工程重点考古遗址在线上复原展出，再现"中华文明五千年的伟大辉煌"，让世界认识"石峁"。

如今在高家堡镇西侧叠翠山脚下，一座能够充分展示石峁文化内涵和学术研究水平的现代化高水平专业博物馆已经建成，石峁国家考古遗址公园也即将竣工。不久的将来，依托石峁遗址，集观光体验、休闲游憩、考古探险、追根寻梦、影视拍摄于一体的旅游目的地将在高家堡镇快速兴起。

5　石峁发展：细数文旅赋能新成效

早在 2012 年，当石峁考古队正式展开石峁遗址的科学考古时，考古队员还借住在村支书白向明家。久而久之的相处，白向明向考古队员们学到了很多文物知识。如今的他已变成了"半个"石峁遗址讲解员，经常走进石峁遗址向游客们讲述"石头王国"的遥远故事。考古队在整修山路时，雇用了本村工人，解决了不少村民的就业问题。石峁遗址管理处成立后，雇用了石峁村的部分村民做文保员，让他们在种地的时候顺便巡山，又给村民们增加一份收入。

石峁文化旅游区建成以后，给当地老百姓创造了大量劳动就业岗位，也为当地政府实施文化旅游转型升级战略作出重要贡献。据不完全统计，2023 年上半年（截至 5 月底），石峁遗址文化旅游区接纳游客共计 20 万人次，经济收入达 100 万元，推文阅读量 1.5 万次，视频播放量 107 万次，粉丝数量达到 7000 人次，在当地掀起了新的消费热潮。现如今，石峁村民出产的石峁小米、石峁老陈醋、石峁红葱不用远销，就地就能卖给来往游客。

神木黑小米拥有 4000 年种植历史，营养价值高，市场前景好。神木大古石峁生态农业有限公司注册了"大古石峁"商标，采用"公司+专业合作社"种植模式，利用互联网平台如淘宝等推广销售石峁黑小米，形成以种植、收购、加工、贮藏、销售为一体的产业链条，"大古石峁"黑小米这种绿色产品成了广大客商和游客的抢手货。石峁村世代相传的石峁老陈醋在当地颇有名气。2017 年，村民李海升返乡创业，组建海升酱醋农业合作社，吸纳 63 户低收入村民和 14 户贫困户入股发展，他们坚持古法工艺、纯粮酿制，原汁原味的石峁老陈醋年销售额达 100 多万元，村民每年都有 3 万多元收入。在 2018 年 11 月 6 日召开的杨凌农高会上，神木石峁海升农业合作社开发的老陈醋和神木老农夫合作社开发的红枣产品，均获得"后稷特别奖"。

如今石峁村人居环境有了很大改善，很多人回到了村、镇，开起了旅馆、农家乐，涌现出许多带头致富的典型案例。

6　石峁未来：续写中华文明新辉煌

石峁古城留给我们很多疑问——在生产力低下的史前时期，超过 20 万立方米的用石量是如何采掘、搬运并建造起来的呢？如此精巧的城垣结构、强大防御体系的设计者是谁？石峁古城因何而废弃、石峁先民又去了哪里，他们和华夏人文始祖黄帝到底有着怎样的关系？

陪同我们参观学习的神木市文化和旅游局领导说："我们要通过考古发掘解读好先

祖留下的文化遗迹，更要关注和解决遗址保护利用中面临的实际问题。作为一处举世罕见的大遗址，我们一定要在持续推进中华文明探源工程中，加强文旅融合，打造中华文明探源高地，让更多考古成果惠及民众，让古老历史遗存创造出更大的文化红利。"

公元前 2000 年前后，正是中华文明和早期国家形成、发展的关键阶段，石峁遗址作为河套地区和黄河中游的区域性政权核心，其考古发现为深入研究中华文明起源的多元性和该时期中国政治、军事、宗教、经济等领域发展情况提供了极为宝贵的实物档案，也改变了世界对中国早期文明格局的传统认识。我们的文明，因何被看见？我们的历史，因何被创造？五千年的记忆，是笔墨纸砚里的故事，也是广袤大地上的遗迹。今天，我们了解、研究和宣传石峁遗址，既是为了传承中华优秀传统文化、赓续中华文明"根"与"魂"，同时也是为了更好地完成建设中华民族现代文明的时代使

图 5　石峁遗址出土双人面石雕

命，续写中华文明新辉煌。

作者简介：马月丽，女，大学本科学历，研究馆员。现任陕西省图书馆发展研究部主任、全省联盟办公室主任、省公共文化服务体系师资库入库专家。研究方向为基层图书馆人才队伍建设、图书馆员职业素养等。发表学术论文 30 余篇。

传承千年忠勇

——杨家城与杨家将文化

陈 丽（陕西省图书馆）

一座城市，诉说着历史厚重；一方文化，烙刻着时代印记；一处遗址，凝萃着宋韵精华。在陕西神木，有一座以家族姓氏命名的古城遗址——杨家城，北宋时期，杨家将满门忠烈镇守于此，谱写了忠勇无畏、抗辽卫国的英雄史诗。

1 忠勇麟州，英雄故里

杨家城原名麟州城，其遗址位于神木市城区北窟野河东山顶上距离神木市 15 公里处的店塔镇杨城村，是杨家将领军人物杨业的故里。杨家将几代人"弯弓驰马耀边陲"，浴血奋战、保卫边疆。世人怀着对捍边英雄的崇敬心情，改呼古麟州城为杨家城。麟州故城始建于唐天宝年间（742—756），废弃于明代正统八年（1443），历时719 年，故城城垣依山而建，北邻草地沟，西邻窟野河，东接桃峁梁，南为麻堰沟，东南皆山陵沟壑地形，三面沟河环绕，多处悬崖绝壁，地势险要，易守难攻。北宋欧阳修称赞古麟州城"城堡坚完，地势高峻，乃是天设之险"。

神木地处榆林北部，"黄河揽怀南下、长城横腰西飞"，历史上一直是"南卫关中，北屏河套，左扼晋阳之险，右持灵夏之冲"的塞上重地。杨家城就处于古老的秦长城、明长城交会之处。据旧《唐书·张说传》记载，开元九年（721）突厥人康待宾，以"六州杂胡"起兵反唐，东近黄河（即今神府两县地面）。张说奉命平定康待宾之后，奏请唐王朝在这里建立地方行政管理，"以安党项余众"。到天宝元年（742），唐朝正式建置麟州城。五代时中原混乱，杨弘信（杨业的父亲）雄起麟州"自为刺史"，州城始有"杨家城"之名。但所领地域内仍然是"胡揽汉，汉揽胡"的局面。至宋，宋夏对立，麟州更成为重要边关。以致后来城毁元初战乱，杨家城存世 700 多年期间，无论"干戈"还是"玉帛"，这里一直是边塞要地。

杨家将以其满门忠烈、骁勇善战而名震千秋，其英雄事迹受到了无数文人雅士及市井百姓的赞颂讴歌。"杨家将"之名，最早见于宋末之初人徐大焯的《烬馀录》："杨业战殁，长子渊平随殉，次子延浦、三子延训官供奉，四子延环、五子延贵并官殿直，六子延昭以从征朔州功，加保州刺史，真宗时，与七子延彬，初延嗣者，屡有功，并授团练使。延昭子宗保，官同州观察，世称杨家将。"有关杨家将的故事，《旧五代史》《资治通鉴》《续资治通鉴长编》《欧阳文忠公文集·居士集》《宋会要辑稿》《太宗皇帝实录》《宋史》等文献记载 40 多处。千百年来，众多的文艺作品不断演绎着杨家将的英勇传奇故事，杨家将也因此成为家喻户晓、妇孺皆知的英雄群体，杨家将文化已完全融入当地老百姓的日常生活，杨家将忠勇、正义、不屈、爱国的精神，在中国历史上传颂千年。现代神木城市精神——"忠勇、创新、包容、共享"中的"忠勇"，就是为了弘扬和传承英雄故里的千年忠勇。

图 1　杨家城遗址

凸起在杨家城东北的将军山，山上原有的古庙，就是历史给杨家城遗存下来的一处建筑。将军山青松环绕，翠柏冲天，在北宋时就有纪念杨家将的将军庙，后经神木市政府重新修缮，更名为"将军祠"。将军祠院内有正殿和东西厢房。正殿门口有一副对联："铁马金戈志在燕云万里驱驰号无敌，伟业丰功肇于麟府千秋忠烈誉满门"。在正殿里边有三尊塑像，正中为麟州刺史杨宏信，右为杨业，左为杨重训。祠堂记录着古麟州的烽火岁月，陈述着麟州杨氏家族老先人们生存的起伏跌宕，同时也向人们展示着古麟州杨家城时代的辉煌。

图 2　杨家城将军祠

2　文旅融合，相伴而兴

千年麟州，传奇千年。这座历时 1300 多年的古城，承载着黄河流域民族交汇融合的光辉历史，孕育出杨继业、折赛花等一批保家卫国的英雄群体，流传着王维、范仲淹、欧阳修、司马光、文彦博等一大批文人雅士的边塞诗情，彰显出黄河流域坚韧不屈、生生不息的民族个性。

党的二十大报告提出，要将"推进文化和旅游深度融合发展"作为繁荣文化产业的一项重要工作。"十四五"时期，神木市委、市政府以习近平新时代中国特色社会主义思想为指导，按照黄河流域生态保护和高质量发展、实施中华优秀传统文化传承发展工程等国家战略部署，依托神木独特的文化资源禀赋、自然地理标识和历史文化标识，将神木文化生态保护区建设与中华文明探源工程、黄河文化高质量发展、国家长城主题公园建设、国家陕北文化生态保护试验区建设有机融合，着力构建以"一山二水三城"为主要特色，以"四区三带一库"为主要内容的山水城相辉映、区带库相融合的文化生态保护新格局。杨家城遗址保护与开发，就是这一新格局的重要组成部分。

图 3 杨家城雕塑——麟州攻守情景

2.1 打造麟州文化新名片

历史文化遗产承载着中华民族的基因和血脉，杨家城作为黄河文明与黄土文明、农耕文明和游牧文明交融碰撞区域的一个重要军事堡垒和文化交流重镇，为社会安宁、国家安定作出了重要的贡献，也是神木人民忠勇爱国、包容厚德的精神原点。

为了将杨家城遗址保护开发打造成一项精品工程、传世工程，神木市政府于2019年成立杨家城保护建设指挥部，依托麟州故城和明长城遗址，以遗址方圆6.5平方千米山水为载体，按照尊重历史、统筹规划、弘扬精神、文旅融合的原则，全面打造"忠勇文化传承、爱国主义教育、影视动漫体验、生态休闲娱乐、杨氏后裔寻根"为一体的杨家将国家文化公园。

杨家城保护建设指挥部聚焦构建传承中华文明精神家园战略目标，按照神木市文旅发展专项规划和"三大目标"任务，统筹推进文物保护、征地拆迁、项目建设、宣传研究等各项工作，截至2023年，累计建成基础设施类项目21个，完成文保类项目18个，实施展示类项目52个，使杨家城这个代表神木精神的文化遗存，抹去历史尘埃、撩开"神秘面纱"，成为一座传承忠勇、正义、不屈、爱国精神的神木文旅融合发展新地标、新名片。

2.2 举办丰富多彩的文旅活动

2023 年初，杨家城遗址景区形象代表人物杨小业和折小花正式亮相，这个彰显神奇神木千年文脉、忠勇爱国精神情怀、专属杨家将英雄母土的文化 IP，一经推出，立刻受到当地群众和游客的喜爱，景区成为网红打卡热门之地。

五指柏作为麟州故城唯一鲜活的遗存，也具有独特的魅力。"4·23"世界读书日期间，杨家城景区、神木中学、北京师范大学神木实验学校联合举办了"读麟州·知神木"五指柏读书进校园活动。活动将读书和五指柏创新结合，通过举行升国旗仪式、授书仪式、学生集体诵读、参观杨家城、现场讲解杨家将故事等方式全方位展示杨家城、杨家将的历史文化。同时面向全体师生征集以"忠勇麟州·英雄故里"为主题的诗歌、散文、剪纸、绘画等作品，起到了宣传神木历史、展示杨家城人文景观、弘扬杨家将爱国精神、构建城市人文品牌的积极作用。

2023 年春节期间，杨家城举办了第一届"年味麟州·英雄故里"迎春活动，秧歌表演、戏曲演出、陕北说书、马队巡游和美食品尝等丰富多彩的迎春活动从正月初八一直持续到正月十五，吸引了各地游客纷至沓来，到杨家城景区内看表演、听说书、赏民俗、品美食，春节假期累计接待游客超 6 万人次。杨家城成为广大市民和游客感知神木文化的新窗口、新爆点、新地标。此外，景区还举办妇女节杨家城徒步健身和大型民俗节目实景演出等活动，陆续推出杨家将卡通版历史故事，游客到杨家城景区可随时了解杨家将人物和历史故事，把历史人物的"家国情怀"感染每位游客，让杨家将忠勇爱国精神永流传。

2.3 打造文旅消费新场景

文与旅相伴，旅因文而兴。杨家城景区积极打造文旅消费新场景，更多优质的文旅融合创新项目脱颖而出，给游客们带来了全新的体验。城东南约 70 米处，原有松树 3 株，年久树老，枝柯相连，须两三人合抱，后人以神松呼之，金朝该地以此命名为神木寨，元朝以后命名为神木县。城址旧貌犹存，城周景致幽闲，有诗云："一径开溪畔，孤村仅几家。山花学带雨，野柳暗藏鸦。路曲分樵牧，冰澌咽石沙。相看不倦处，前路暮云遮。"

图 4　杨家城古松

"古麟州城"作为神木"一山二水三城"中的重要一城，景区充分结合自身特色优势，按照"扩大保护区绿量，增加植被储量，提升生态品质"的总思路，不断完善景观、娱乐等基础设施，充分利用考古勘探成果，在城防建筑、民居生活、史实演绎等方面，策划实施一批兼具旅游功能和文化价值传播的展示项目，延伸打造"一园三谷一寨"景观总体规划，先后实施了游客服务中心、杨家城保护展示中心、南北山道路环线、景观步道、麟州崖刻、神木、神松、五指柏景观、军事文化体验园、宋风小镇等十余个建设项目，积极推进舞台剧《千古杨家将》、小说《杨家城》等文艺作品创作进度，同时紧抓节假日、周末等游客参观契机，全力打造"杨家城"志愿服务品牌，展示"忠勇麟州·英雄故里"的良好形象，使杨家城景区成为市民和游客踏青旅游、打卡体验地，文旅新型消费的重要场所。

3　构筑高地，赓续文脉

杨家将满门忠烈，在金戈铁马中所沉淀的忠勇爱国精神，是神木城市精神宝贵的文化资源。杨家城遗址保护建设项目是弘扬传统文化，讲好神木故事，践行神木精神，展示神木形象，深入实施"136"战略，加快推进黄河"几字弯"城市群高质量发展示范市的重要支撑，陕西省、榆林市"十四五"规划均将杨家城国家文化遗址公园建设作为重点项目。

为了更好地赓续杨家城历史文脉，建设优秀传统文化保护传承新高地，杨家城景区启动了《杨家城》志书、麟州文化系列丛书等文献资料编辑出版工作。与神木职业技术学院合作，启动杨家将文化研究特色数据库和杨家将文化数字化平台建设项目。杨家将文化数字化平台以个性化页面定制功能、高级视觉效果与强大交互功能并重，动态呈现连环画内容，可据 IP 判断数据查看权限设置，手机小程序端体验流畅。资源库共分为六大模块：杨家将历史溯源、杨家将人物、神木与杨家城，杨家将研究、杨家将文化、文献资料库。目前，该建设项目已经通过专家论证，经过内部测试运行，各项性能指标均达到设计要求。这是神木在构建忠勇文化标识、英雄精神谱系和文化遗产价值传播方面取得新进展。

全面建成社会主义现代化强国，需要文化自知、文化自信、文化自觉。杨家城是杨家将文化的源头，面对杨家城这个历史厚赠的文化资源，历史和现实都需要我们不忘本来。吸取外来、面向未来，做大、做精、做强杨家将文化是神木不负前辈英雄、

图 5 杨家将浮雕

无愧后世子孙的千秋伟业。

作者简介：陈丽，女，大学本科学历，副研究馆员。现任陕西省图书馆采访编目部主任，中国图书馆分类法第九届编委会委员，参与图书馆行业标准修订。研究方向为文献资源建设与读者服务、公共文化服务等。发表学术论文 20 余篇；主持各类课题 3 项。

凯歌楼下明清民居

——建筑讲述历史

李　娟（陕西省图书馆）

神木老城原是明长城著名军事防御城堡——"神木营"。明正统八年（1443），御史王翱查边，"奏县寨居山顶不便，宜移至平川"，自此神木县城由东山旧城迁居而下至"神木营"。后来这座用于军事防御的营堡，逐步形成以民居为主体的城市格局，成为神木县城所在地。

神木老城居于二郎山下，奇崛山峰环绕，窟野之水奔流，三横一纵街道布局呈现矩形，东西南北均有城门，城内有翁城和凯歌楼、钟楼、鼓楼等，南北长约 680 米，东西宽约 710 米，周长约 2780 米，占地面积约 48.28 万平方米。《延绥镇志》记载："周围凡五里零七十步，楼铺三十三座。"经过几百年岁月变迁的洗礼，目前这座城堡还保留有部分城墙墙体及附属的角楼，城内存有凯歌楼和一批具有陕北地域特色的明清民居四合院建筑群。1993 年神木老城被列入省级第二批历史文化名城。

"十四五"以来，神木市紧抓省级全域旅游示范市和公共文化服务高质量发展示范市的创建机遇，按照"古城传承文脉、老城提升品质、新区彰显现代"的思路，按照街巷原有肌理和空间结构，挖掘老城文化内涵，走上了"修旧如旧、以存其真"的老城保护修缮、改造和开发之路。

1　建筑见证历史

1.1　凯歌楼：神木城市的精神坐标

凯歌楼屹立于神木老城中心，就像西安的钟楼，是神木的地标建筑、文化名片、精神灯塔，是这座边关小城风云激荡、沧桑巨变的历史见证。

道光《神木县志》记载：明穆宗隆庆元年（1567），蒙古部落道领吉能进犯榆林城，榆林副总兵黄渲率部迎敌，大败芹河，黄渲亦殒命阵前，致榆府上下震恐，急调神木参将高天吉，星夜往援，救民兵燹。然正值窟野河泛洪涨水，天吉将军祈祷水神，

图 1　凯歌楼

水势随跌，兵士振奋，勇气陡增，安然而渡，一战全胜，凯旋归来。为庆祝此次胜利，兼报神恩，随修此楼，上奉"天地水"三官神位，确名"凯歌楼"。

凯歌楼是重檐歇山式两滴水三层古建，砖木结构，内夯黄土，外砌青砖，底部为巨砖砌制正棱台基座，中筑两层木制阁楼，围长 80 米，通高 18.375 米，中华人民共和国成立前为全城最高建筑。基座中辟十字券洞，与四面大街相通，四边石雕围栏，东西各建厢房三间。临楼而观，飞角翘檐，雕梁画栋，脊兽奇特；上看内景，宫殿设计，精雕细凿，全城无二。登顶而观，城中四周屋脊盈目，街衢尽数，麟城一览无余。放眼眺望，东西两山庙群煊赫，云蒸霞蔚，窟野蜿蜒南流。楼内大梁擎巨钟一口，警时钟声震撼，满城皆闻；重檐四角挑风铃数盏，平日铃语呢喃，使民心安泰。

凯歌楼陪伴了神木人风风雨雨 400 余年，凝聚着一代代神木人的美好记忆和深厚感情，被当地群众亲切地称为"大楼""钟楼""大楼洞"，而其饱经沧桑依然屹立不倒，也是神木人共同保护的成果。清同治七年（1868），回汉民族纷争，回军破城入侵，登楼放火，凯歌楼受到严重毁损。同治末年（1875），经神木民众捐款复修，凯歌楼重回之前的雄伟壮丽。为保护这座群众心中的"大楼洞"，神木分别于 1950 年、1970 年和 2001 年对凯歌楼开展三次重修，其庄严威武之气势，更胜于前。中华人民共和国成立后，凯歌楼顶楼巨钟为全城居民按点报时，钟声阵阵入万家，听凯歌楼报时成为神木人生活中不可或缺的部分、难以割舍的习惯。20世纪80年代，凯歌楼正殿曾是神木县图书馆的借阅室，那个时期在"大楼洞"借书是神木新风尚，群众读书热情很高，每天前来借阅图书的读者有100多人。"十三五"以来，神木成立古城文物保护机构，将凯歌楼申请成为陕西省文物保护单位，其建筑按照标准化、规范化实施年度保养维护计划，建立起安全监控系统、消防设施，并配置专人负责，形成了人防、物防、技防为一体的安全网络。

图2　凯歌楼景区

1.2　四合院：厚重多彩的民居文化

明代神木作为边防重镇，不少边将驻守于此，家眷落户定居，房屋随职位修造，军门大宅林立，民居四合院修造也随即兴起。清代康乾盛世，神木成为蒙汉贸易往来聚集之地，地方大户边商蜂起，官宅民居大兴土木，四合院修建进入极盛时代。清同治七年回军破城后，民宅大院大多焚尽，直至光绪年间，地方商贾富豪新修屋宅，四合院在神木再度出现修建高潮。

神木四合院汲取北京民居四合院的灵感，院落方正闭合，布局对称和谐，多为一重独立院，以一色青砖铺开，开阔舒朗、大气雅致。其整体布局分为大门（含照壁）二门、房屋、室内装饰三部分，其规格大小、堂皇程度、工艺粗精，视主人的身份和财力而悬殊。主房坐北向南，分为三间、五间、七间配以耳房，东西南均有厢房，装饰工艺逊于主房，均为砖木结构建筑，屋顶"五脊六兽排三瓦"，在陕北地区民居中极为少见。整体来看，神木民居四合院结构完整、主次分明、和谐对称、取势合理、采光科学、起居舒适，以坚固实用和较高的建筑工艺取誉远近。如今神木老城内仍遗存多处民居四合院，其中白氏四合院、李氏四合院、张氏四合院保存较为完整。

张氏四合院，又称"能忍堂"，位于西五道巷十五号，是张氏在清初期迁居神木十六代居住的祖屋，由武信骑尉（武官正七品）张大勋严格按照当时规制所建四合五天井院。"能忍堂"是张氏秉承"百忍传家"家风，以"能忍者安"所取的堂名，这座宅院先后走出七名武官，也是抗日英烈张友清的故居。现在是榆林市青少年爱国主义教育基地。

李氏四合院位于北大街扒贡巷，始建于清代中晚期，占地 685 平方米，东西宽 27 米，南北长 29 米，室内陈设考究，建筑物和构筑物的木雕、砖雕、彩绘工艺精细，是全城保护最好的一处民居内饰。

图 3　白氏四合院

白氏四合院位于西大街北十字巷，为清同治年间皮货商人白赖瑞建造，属二进门中型四合院，占地473平方米，其"影壁"上有飞檐遮雨、裹脊兽饰、斗拱平栏等古建装饰，正中砖雕活灵活现，房内有雕花隔扇和多幅木雕作品，房门多悬牌匾，精美雅致、栩栩如生。

四合院是神木民居建筑文化的典型代表，也是城市独特的历史文化基因，既展现了传统匠人的技艺水平，也蕴含着当地特有的风土人情、文化底蕴和美学意蕴。神木为保护历史文化街区的街巷肌理和建筑风貌，继承和发扬优秀民居文化，将李氏四合院、白氏四合院申请为陕西省级文物保护单位，张氏四合院入选陕西省不可移动革命文物名录；定制四合院年度保养维护计划，针对部分建筑屋顶、地面、院落排水等安全隐患进行日常养护。2022年，对李氏四合院正房屋顶及后墙、东厢房、二门等进行了修缮工程，确保其建筑保存完整。

2 更新造就时代活力

2019年，神木市启动老城改造项目，提出"一环筑魂、四街统领、多点呼应、绿商居共融"的总体提升改造思路，重建四个城门及瓮城，四个角楼，保护展示现有城墙遗址，并以商业四大街为骨架，统领四个以居住为主、以文化展示为辅、公共设施功能齐全的片区，形成了以大仙庙、凯歌楼、关帝庙、四合院等为节点、"一环"围绕、"四街"辐射的古城建筑格局。

2.1 宋韵今辉：老街区的活力再现

神木老城以空间形态、商业业态、文化状态、环境生态"四态合一"为规划理念，打造老百姓的生活场、神木人的待客地、全域旅游的中转站。在街区规划中，"最美味"南大街聚焦美食文化，辅以休闲餐饮、美食体验和特产销售；"最潮流"北大街以创意消费为主，打造工艺品、文创产品、潮玩配饰等文化消费为主体的文化集市；"最活力"西大街聚焦游乐体验，包括影院、剧本杀、手工坊等互动体验类娱乐项目，辅以咖啡、茶座、酒吧等休闲场所；"最生活"东大街以商品零售业为主，引入成衣百货、母婴医药等商铺，服务于游客及本地居民的日常生活所需。

"宋文化体验街区"位于神木宋明时期富户权贵聚居的老城西大街，东起凯歌楼，西至城墙西门遗址处，长400多米，通过营造具有宋代古城氛围的文化旅游场所，展示神木厚重的历史文化底蕴和独特魅力。在街区建设上聚焦三大方向：一是打造街区文化场景，规划多座仿古建筑物、宋代风貌城市街景、注重用细节还原宋代市井氛围；二是展示地域文化特色，通过"天波杨府"以及兵器盔甲、剪纸浮雕、花灯浮雕等器具、艺术作品的陈列，全方位展示满门忠烈、血战疆场、保家卫国的杨家将文化，街区内还建有文化体验馆，游客们可以亲身参与体验，了解传统匠人非遗技艺；三是引领旅游文化消费，街区内有各种特色餐饮和手工艺品商铺，满足本地居民和游客们的消费需求。

2.2　儒学传世：古文庙的焕然重生

文庙是纪念、祭祀孔子的祠庙建筑，分为家庙、国庙、学庙三类。神木文庙属于学庙，是儒学教育的殿堂。神木修建文庙最早可追溯到明初，明洪武十四年（1381），知县任奉先倡建"圣庙学署于县治东南"；正统八年（1443），知县彭佐改建，后知县糜奎重修；后历经多次续修，至道光十四年（1834），神木文庙大成殿五间，东西庑各九间，戟门三间，东名宦祠三间，西乡贤祠三间，泮池圈桥三，左右碑亭二，东祭厨所三间，西宰牲所三间，棂星门坊三间。照壁高峻，左右礼门、义路，四面围墙。20世纪50年代，文庙拆改为神木小学；60年代，仅存的照壁被拆毁。

2021年5月，神木老城在东大街文庙原址启动兴文书院建设项目，该书院由中国建筑西北设计研究院设计，总投资约5300万元，总占地面积9600平方米，其中文庙建筑面积1618平方米，包括大成殿、戟门、名宦祠、乡贤祠、棂星门、魁星楼、左右游廊及附属设施。重建的文庙集教育、展览、演出、旅游等功能于一体，是神木崇文重学的标志性建筑，也是市民精神文化生活的重要场所和地方特色文化的展示、体验、传播中心，是青少年爱国主义和思想道德教育基地。

2.3　品牌活动：打造文旅融合新生活

"十四五"以来，神木市委、市政府统筹规划，城投集团和文旅集团聚焦"宋文化"和"儒文化"两大主题，依托西大街的"宋文化街区"和东大街的"兴文书院"两大场所，联合打造出系列文旅融合活动品牌：2023年春节期间，启动"黄土魂　神木年"活动，接待游客42.6万人次，旅游综合收入7396.78万元；五一期间，推出"梦回宋境，花样神木"主题活动，该活动以"十二月花神"为概念，设置12大主题花境和"遇见十二花神"系列活动，配合"风雅宋"主题市集、宋"潮"集邮主题打卡、兴文书院"诗礼传家风"等主题活动，累计接待游客 50 多万人次，擦亮了专属于神木的文化标识。

　　除了上述品牌活动外，神木老城还联合市文化馆、市图书馆、神木市文化演艺有限公司、神木市文联以及神木的民间文艺团体、艺术培训机构等社会力量和专业团体，举办"重回老城过大年"活动，共同推出民俗文化演出、非遗传承展示、特色节日互动、美食文化体验等地方文化特色主题活动，举办丰富多元、精彩纷呈的"大地欢歌"文艺晚会表演。为了最大限度地丰富老城旅游业态，神木还主动开展跨区域合作，仅美食一条街就引入全国各地特色美食商户 65 家、近百种业态，与本地特色美食有效组合，大大提升了街区美食活动的吸引力、影响力和经济效益。

图 4　神木古城北广场

3　迈向未来：高质量发展的神木探索

　　城市发展史也是一部城市更新史。神木充分聚焦古城保护、老城更新、文旅融合的发展思路，通过实施"古城叙事文本""持续小规模改造"和多元主体"共同生产公共服务"等历史文化街区改造举措，建立起传统与现代、文化与商业、社会教育与休闲活动之间的对话，形成了以黄河文化、边塞文化、英雄文化为背景，以保护街巷肌理、文化遗存、建筑风貌为主线，以讲好历史故事、开展文化活动、推动文旅融合发展为主要内容的经验做法。

3.1　全面保护，再现历史记忆

神木老城的建筑文化、民居文化是不可替代、不可再生的地方优秀文化资源。历经千年的凯歌楼，独具特色的陕北民居四合院，具有边塞风格的城市肌理和表现风土人情、民风民俗的精美砖雕、木雕、石雕等，无不蕴含着古人的精湛技艺、审美趣味、生活方式和生存智慧。因此，神木在历史建筑、古城风貌保护方面，除了坚持"修旧如旧"原则，注重建筑本体的保护维护修缮外，还非常重视对于凯歌楼、民居四合院的建造方式、结构布局、内部装饰、美学元素等方面的文化研究和技艺传承，形成了一批有影响的文化研究成果，培养了一批文化传承人，让传统技艺焕发时代光彩。

3.2　持续开发，提升城市竞争力

当前我们处在资源稀缺时代，大众对历史老城的期待是差异化体验。神木老城改造开发需要在地方文化上下功夫，在开发宋文化街区、兴文书院等空间时，要重视融入本地文化元素和特色民俗风情，营造出超越物质空间的人文氛围，避免"硬嵌入"的水土不服和文化冲突，让地方文化认同感为老城可持续发展提供良好基础。与此同时，还要结合老街区、老建筑的特点，通过新潮业态招引和新型空间延伸，吸引年轻社群、发展夜间经济、打造文化 IP，为老城注入"新"能量，让建筑可"阅读"、文化可体验、城市可记忆。

3.3　多元参与，推动老城微更新

神木老城是本是市民和外地游客共享空间，是地域特色文化与中华优秀传统文化共有的文化遗产，因此老城改造过程既要注重文化传承和文旅融合发展，也要尊重老城人民的生活方式、关注当地居民的民生改善，采用更加温和的"微改造、微更新"的方式，打造"活态老城"。同时，也让居民、社区和社会力量共同参与老城更新，创新机制、探索路径，在环境整治、危房改造、基础设施提升、公共服务水平升级等方面融入群众智慧，让居民成为老城的"建设者"，让历史文化遗产融入百姓生活，让传统文化与现代生活融合并存，实现神木老城"留形留魂留神韵，见人见物见生活"。

神木老城是寄托人民感情、留住历史回忆、记住美丽乡愁的文化高地。未来，神木老城将践行"政企共建、社会参与、人人共享"的发展理念，持续挖掘"忠勇、创

新、包容、共享"的城市精神内涵，加快老城保护开发进程，将以更高水平的文化保护、更高质量的文旅发展、更高品质的文化生活，在老城聚集起人气、商气、烟火气，让古老的历史建筑讲述过去、现在和未来的精彩故事。

作者简介：李娟，女，研究生学历，助理馆员。现在陕西省图书馆办公室工作，研究方向为图书馆资源建设与服务。发表学术论文4篇。

墩台刻录时光、承载历史

——神木长城叙事

霍彩玲（陕西省图书馆）

"塞下秋来风景异，衡阳雁去无留意。四面边声连角起，千嶂里，长烟落日孤城闭。"这是北宋著名政治家、文学家范仲淹镇守边关重镇时留下的千古绝唱，这里的"孤城"应该就是神木长城的某个营堡。

作为黄河和长城、农耕文化和草原文明的交会之处，神木有战国秦、隋、明三个时期的长城，山梁和壕崄上雄姿犹存的敌台、烽火台、马面、关、堡、营、险、墙等历史遗存，使神木成为一座融入自然山水的"长城博物馆"。

我对长城的认识，源于很久前儿子的一个问题。儿子很小的时候问我长城长还是长征长，我无法给孩子说清楚两个不同的文化符号，于是就萌生了带儿子游长城、走

图1　神木明长城永兴段的二边敌台

长征路的想法。在以后的几年里，我们陆续去了秦皇岛长城老龙头段、长城第一关"山海关"、八达岭长城、榆林长城、宁夏长城以及甘肃的嘉峪关，总算是把长城从东到西相对完整地游览了一遍，我也逐渐积累起了对长城的初步认识。但2023年3—4月，为完成专著撰写组的任务，我两次走访神木长城，沿途所听、所见、所思、所感，完全不同于旅游时看到的长城景致。行走在那些堡蹼、沟壕之间，我看到的是一道道直击灵魂的残垣、匍匐的土丘，每一段墙体、每一座墩台、每一块砖石，都让我有一种追溯战争烟云、寻找边墙源头、了解营堡故事的冲动。直到这时，我才真正感受到"羌管悠悠霜满地，人不寐，将军白发征夫泪"的悲壮。

1 神木长城概览

墩台刻录时光、承载历史。长城作为中国古代最重要的军事防御工事，在神木有着集中的体现。

1.1 神木现存长城

（1）神木战国秦长城

战国秦昭襄王长城，长约105千米，相关遗存共153处，其中敌台47处、烽火台32处、关1处、堡2处、险6处、墙体段65处。

（2）神木隋长城

神木隋长城遗存较少，由隋文帝派司农少卿崔仲方领兵三万修筑，全长约12千米。相关遗存共23处，其中敌台3处、烽火台13处、险1处，以及6段粗夯堆筑、夯层不清晰的墙体。

（3）神木明长城

神木明长城全长约185千米，分为"大边"和"二边"两条。大边长约85千米，二边长约100千米，相关遗存共374处，其中敌台160处、烽火台92处、马面18处、关13处、堡9处、营1处、险29处、墙体段52处。

1.2 神木长城的修缮

据史料记载，历朝历代对神木长城都有修缮。仅明代就先后跨越184年进行过五次修缮，其中第三次明成化八年（1472）由延绥巡抚余子俊修建规模最为浩大。通过神木市文管所张杰所长的讲解和史料研究，我大致了解了这次修缮情况。大边是沿山体铲修的第一道防线，如果遭遇到敌军攻击，可以将信息及时传递给后方，如果大边破了，还有营堡，营堡破了，还有二边。

2　神木长城营堡及传说故事

明朝陕北的军事建制是"一镇三路三十六堡"。"一镇"就是榆林镇，"三路"是镇下分东、中、西三路。三十六堡中东路有九堡，神木就是属东路管辖，共有永兴堡、神木堡（营）、高家堡、大柏油堡、柏林堡等 5 座军堡，为明代长城军事防御体系的重要组成部分。

2.1　百岁老人话长城

2023 年，在我第一次准备走访长城的时候，无意间从神木市图书馆馆长焦伊宁和文物管理所所长张杰口中得知，1994 年，神木县长城协会成立时，神木市图书馆当时的馆长霍新铭就是两位创始人之一。于是我们一行人先来到 100 岁高龄的霍新铭老人家中。霍老高高的个子，精神矍铄，眉宇间带着一种慈祥，走起路来尽管腰板有点弯，但身体依然硬朗，看上去完全不像个百岁老人。他耳朵有点背，当我用笔写下想听他讲讲长城时，他马上就兴奋起来。据霍老介绍，1991 年他从图书馆退休后，一直想为社会做点事。刚好 1994 年神木长城协会成立，他被推选为长城协会理事，在乔恩民等几位退休老干部的呼吁下，共筹资金 30 多万元，开始着手修复石壑子、鸳鸯塔、石堡嫣等 4 个长城烽火台。为了做好长城保护工作，霍老干脆住进石壑子烽火台，这一住就是 20 年，成为长城的一名义务守护员，昼夜守着长城。他还在墩台院子里自己动手布置了长城展、毛主席纪念展、抗日战争纪念展、雷锋纪念展、新中国变化纪念展等多个展厅，被当时的神木县定为"神木县爱国主义教育基地"，他本人也被媒体誉为"长城卫士　老年标兵"。他一边布置展厅，一边开始绿化长城。白天他忙着展厅的事，晚上就在院里挖坑，第二天再把柏树栽上，然后下河滩担水浇树。20 年来，他先后栽植了 70 棵柏树，下河滩担了 2 万担水。20 年的守护和坚守，让我们看到了一个老人的执着与大爱。

2.2　长城何止姜女泪

在霍老家中的一本破旧杂志上，我无意看到了郭正都写的一篇文章，里面提到：

"陕北有一首古老的民歌：十月里来天气寒，孟姜女送寒衣到边关，不知范郎在何地，哭倒了长城 800 里。"没想到孟姜女哭长城竟然有了新说法。据史料及山海关姜女庙的石刻记载，孟姜女是陕西同官（今铜川市印台区）人。文章说孟姜女从铜川到榆林神木寻夫，几百里沟沟岔岔卯梁山路，孟姜女一个多月才走到。得知丈夫已死，她悲痛不已，放声大哭，哭倒了长城 800 里，在倒塌的废墟里找到了丈夫的遗骨。孟姜女带着遗骨回家乡，行至宜君县南山道旁，疲劳饥渴而欲饮无水，放声大哭，遂地涌甘泉而济饮，这就是此地"哭泉"的来历。快到金锁关时，秦兵追至，情急中孟姜女抓住身边的山崖一转，挡住了追兵，今天这里还留有一个"搬转山"的地名。由于连续奔波劳累，加上体力不支，孟姜女死的时候眼睛不断流泪，流到山旁一个石坑里，积成一泉清水，成为"泪池"。直到现在这股泉水还在流着，清澈见底，甘甜爽口。当地人敬重孟姜女的气节，在此修建了姜女祠，塑了姜女像，立庙祭祀。孟姜女哭长城作为一个民间传说，反映出百姓厌恶战争、期盼和平、期待合家团圆的美好愿望。

图 2　战国秦长城烽火台

2.3　忠良名城麟州故城

在神木市文管所所长张杰和副所长刘凯云的带领下，我们第一站来到杨家城，也就是原来的麟州故城、杨家将镇守的城池。该城位于神木市店塔镇杨城村西北的杨城山上，始建于唐天宝年间（742—756），废弃于明代正统八年（1443），历时 700 多年。作为唐宋时期一座重要的军事堡垒，其选址于三面沟壑环绕、梁峁纵横、多处悬崖绝壁、地势险要的山梁上，其天然地形有着利于防御、易守难攻之优势。东可以抵挡契丹南侵，西能牵制西夏的进犯，南可以保河东一带的安宁，窟野河这道天然护城河，将杨家城庇护域内，城内还有古井供军民生活用水，自然的地理优势都得到了合理利用。听讲解员说，目前杨家城地面残存的遗存主要有夯土垣和房屋基址等，城垣大部分为夯土筑造，由主垣及两边护坡组成，局部以石片、石块垒砌。现存有北、东、南三座城门，并有三座瓮城、三处马面和四处角楼遗迹。大家都急于去城中其他遗迹参观，我则顺路看了南营堡坍塌的长城及墩台，而后又爬上新维修的烽火台观览杨家城全貌及沿途墩台，张杰所长给我讲解了杨家城保护开发的规划蓝图。漫步麟州故城，可直观生动地感受到她的前世今生，不愧是"英雄之城"。

2.4　边墙侧柏卧虎寨

参观完麟州故城，我们一路颠簸又来到卧虎寨，这是神木市保存最好的一个长城寨子。相传卧虎寨的修建是为了纪念一个姓郝的总兵。这位总兵能征善战，令胡人闻

图 3　卧虎寨寨门

风丧胆，据说他睡着时，士兵们总能看见一只老虎卧在他身边，威风凛凛，于是便修建寨子纪念他。卧虎寨位于解家堡乡（今迎宾路街道办）山峰则村，坐北向南，出入寨子需要经过石券门洞，门洞上悬石额镌"卧虎寨"三字，右边竖排小字刻着"万历三年六月创建"，左边刻着"河东大石张守中书"。进寨看见满目低矮侧柏，寨门东西两面有土城墙，东北角有墩台一座，墩腰以下外包砖石。西墙脚下有一条山沟，传说这里原先有个土洞，是西门口向南的一条暗渠的入口，连接寨子和山下村庄，平时用作士兵取水的通道，遇到战乱亦可以输送兵力。站在东边城墙上看着历经 400 多年战火和风雨洗礼的古寨，仿佛听到昔日边塞号角催征、战马嘶鸣。

2.5　沧桑传奇柏林堡

从卧虎寨到柏林堡的路上，张杰所长突然叫停车，下车抬眼一看，一面历经积淀包浆、透着风霜古韵的城墙横在眼前挡住了去路。张所长说，这就是柏林堡城墙。柏林堡位于迎宾路街道柏林村，是神木长城第四堡，因有许多柏树而得名，明成化年间（1465—1487）由巡抚卢祥始建，万历三十五年（1607）巡抚涂宗浚用砖包墙体，乾隆二十三年（1758）和三十五（1786）两次重修。汽车沿狭窄的、坡度近 60 度的山路向堡子前行，在柏林堡东瓮城停下，满地烧草留下的黑灰，黄土夯筑的墙体和散落的碎砖让我有一种穿越时空的感觉。城堡呈长方形，设东、西两座城门，均有瓮城。四周城墙和两座瓮城保存相对较好。听说城中居民大都在二十世纪五六十年代相继迁出。北面远处可见一座低矮房，张杰所长说是老爷庙，看城正中有一建筑，过去看是中洞楼，仍有零星香火。堡南面还有民国初期国民党修建的炮楼，面北的墙砖上镶着一块"安邦"的石质匾额。尽管这个曾经人烟稠密的军堡，在失去军事功能后仅留下一段段残垣断壁，但在历史的时空里，依然雄伟矗立。

2.6　麟州老城神木堡

一整天考察都在城外看堡寨，最后我们来到了神木老城。神木城历朝历代多次更名，先后有麟州城、杨家城、云州城、神木寨、神木堡等不同的叫法。现在的神木老城始建于正统八年（1443），由神木寨扩建而成，是神木长城第二堡。我在书上多次看到过神木凯歌楼的介绍，一直将它和榆林老城里的凯歌楼混淆，这次调研才搞清楚神木老城里也有个凯歌楼。这里曾是神木县图书馆（1984 年前后）所在地。此堡处于窟野河川道，成化四年（1468）巡抚余子俊增修瓮城、门楼四座。城中心有明隆庆六年

图 4　柏林堡城墙

（1567）建凯歌楼，以此楼为中心，建有东、西、南、北四条主要街道。如今城堡格局与风貌仍然保存完好，有明清四合院几十处，只有走近它才能想象出它曾经的繁华。第一次长城走访在这里结束了。

2.7　夯土古砖砌墩台

时隔一月，我又开启了第二次走访神木长城之旅。为了弄清楚长城的墩台结构，我第一站来到神木市西北约 21 公里处的水头沟墩台。该墩台位于店塔镇水头沟村和永兴办事处糜地沟村交界处，是神木境内长城遗址中保存较为完整的一座砖砌空心墩台，当地称为花楼。此墩台正面墙有石框券门，居两箭窗中间，其余三面各四箭窗，门下原有一座同楼一样长、宽 3.4 米、高 3.9 米的砖砌平台，如今平台包砖早已被拆走。我顺着游人摆放的垒砖爬进楼里。楼里有三个通道，其中两个是平行通道，中间有一条通往楼顶的通道。中室较宽敞，里面堆满了一人高的干刺枣枝，我艰难地爬进去拍照，看中间有 12 层台阶可达台顶，于是爬上去。从台顶向下看，每边有 5 个半圆形豁口，在墩台下看不出是做什么用，爬上来一看就明白是用于排水。台四周有完整的约 30 米见方、多已坍塌的夯土围墙。远远望去，和其他几座墩台遥相呼应，长城昔日的脊梁若隐若现。风沙掩盖了土石，却带不走历史。

图 5　神木明长城墩台

2.8　雄风犹存大柏堡

午饭后，下午我在文保员李川老师的带领下来到第二站大柏堡。该堡是明长城在神木境内的第三个堡，位于神木市解家堡办事处大柏堡村。据《榆林县志》载，大柏堡于明弘治初置，城在山上。万历三十五年（1607）巡抚涂宗浚用砖包砌。大柏堡东部长城毁坏严重，西部长城遗迹基本连贯，较好的地方尚存高 6 米余。明、清两代设守备军。时隔 400 余年，现只残留附属的马面、角楼、瓮城各一处模糊可辨。我和李川老师进入堡内，堡内一派荒凉，全被庄稼和杂草所覆盖。爬上坍塌的城墙上俯瞰，一条马路从堡中穿过，城内三官庙等建筑为 20 世纪 80 年代后复建并占据了显眼的位置。堡西 285 米处有一座高近 10 米的烽火台，外包砖已不见踪影，孤零零地任凭风雨侵蚀。

这两次考察，我在专业人员的安排下走访了一些保存比较好的典型堡寨，但在考察之前，我也因工作原因曾多次来过神木，无意间走过了其他两个长城营堡，在此我也说说。

2.9　明清要塞永兴堡

神木五堡第一堡永兴堡位于永兴街道堡子村，是明长城进入神木后的第一个城堡，始建于明成化年间，余子俊遣镇羌指挥宋祥筑城于山上，城周长 1000 余米，南面有 1

门，受到 450 多年的岁月洗礼及人为破坏，如今已面目全非。我在仅存土城废墟和随处可见的砖瓦碎片中寻找若隐若现的古长城踪迹，感觉每一层夯土都如古老的羊皮卷，记录着马背文明与农耕文明撞击后闪耀的火花。

2.10　城垣傲立高家堡

高家堡是神木长城最后一堡，现为中国历史文化名镇。据《榆林府志》载，高家堡于明正统四年（1439）陕西巡抚陈镒择秃尾河与永利河交汇处、较为开阔的高家庄构筑堡城，以庄名堡，移民实边。成化年中巡抚余子俊展修，万历三十五年（1607）巡抚涂宗浚用砖包砌。高家堡东南西三门各建瓮城、箭楼，分别镌刻耸观、永兴、安澜石额。环城垛口齿列，数十米处必有马面突出，俗语戏称"城小拐角大"，实际上是为军事防御所置。北城无门，外百余米处横建千余米长、三米高小城垣，兼有防洪御寇之功用。城中央建中兴楼骑街分野，十字街与棋盘巷相连，有保存完好的庙宇、戏楼和大量民居四合院等古建筑。随着历史变迁，高家堡从最初的军事重镇逐步演变成为集军事、商贸、文化、交通重镇于一体，蒙、满、汉商贸互市，远近闻名的旱码头。民国时期，高家堡商人韩士恭用原始方法制碱，开创陕北地区化工工业的先河。这里是电视剧《平凡的世界》的主要拍摄地，该剧的热播也给高家堡带来了一轮旅游热潮。

3　绘就中华文明传承发展的"长城画卷"

长城不仅是中华民族精神的象征，也是传承和弘扬中华文化的重要载体。2006 年，国务院颁布《长城保护条例》，将长城的墙体、城堡、关隘、烽火台、敌楼等纳入保护范畴，这是中华人民共和国成立以来第一个对单体文化遗产的专项立法。神木境内分布着秦昭王长城、隋长城和明长城三条不同时代的长城遗址，受自然与人为因素的影响，域内的烽火台、墩台遗址损坏严重。近年来，神木市委、市政府本着高度的紧迫感和使命感，在全力做好长城本体保护工作的同时，积极构建以"一山二水三城"为主要特色，以"四区三带一库"为主要内容的山水城相辉映、区带库相融合的文化生态保护新格局。其中，推动国家长城主题公园建设，挖掘神木长城历史文化价值和精神内涵，讲好神木长城故事，就是这一新格局的重要组成部分。

3.1　神木长城文化与艺术价值

神木长城是西北重要军事防线，是国家疆土意识和民族意识的具体体现，反映出中华民族热爱和平的生存理念和"以战止战"的民族智慧。它的修筑保护了中原先进文化与农耕文明，促进了民族交流融合，推动了游牧民族文明发展进程，是研究陕北边塞文化的珍贵实物文献和研究边防军事体系的重要文化遗存。另外，神木长城在选址、分布、修建过程中充分依托、利用或改造自然地形地貌，并与自然山水融为一体，城堡、墙体、敌台、烽火台随势而筑，是高超建筑艺术与自然地貌完美结合的典范，具有突出的文化和艺术价值。

3.2　神木长城见证了民族融合

一方水土养一方人。神木地处长城地带，边塞各民族文化、农牧文化长期交融，形成神木人勤劳质朴的生产生活方式和多姿多彩的民情风俗。今天，铁马秋风与刀光剑影已经离我们远去，一边是沧桑墩台，一边是烟火人家，原本拒匈奴于外的万里长城尽管曾经将南北隔绝开来，但正是通过长城最初的防御功能，才最终促进了农耕文化与游牧文化的碰撞、交流，促成了农耕民族与游牧民族的大融合、大团结。因此，今天的长城已经化作民族融合的丰碑。

图 6　神木明长城三台界段

3.3　神木长城造就独特文化形态

长城两边是故乡，它一头挑起大漠边关的冷月，一头连着华夏儿女的心房。神木北为风沙草滩区，南部为黄土沟壑区，中部为传统城镇带。北部乡村原属长城"口外"，居民因受蒙古族民众的影响，性格豪放，生产方式农牧相辅；南部乡村属长城"口内"，历史上村落集中，村民勤劳质朴，农业生产精耕细作。黄河文化、黄土文化、长城文化、边塞文化、大漠文化、草原文化在神木交汇，孕育出"神奇神木"独特的城市精神体系和丰富的自然人文资源，唢呐、三弦等民间乐器，酒曲、民歌、秧歌、说书等民间文艺形式，地毯、剪纸、铜器等民间工艺，杨家将武术技法等民俗文化，无不展现出神木独特而丰富多彩的文化积淀。

3.4　神木长城文旅融合发展潜力

如果说"一山二水三城"展现了神木独特自然美景、历史文化、人文情怀，见证了神木从新石器时代晚期至明清历史文化发展历程，那么"四区三带一库"则反映出新时代新神木，积极抢抓黄河流域生态保护和高质量发展战略机遇，讲好神木故事、传播神木声音、展示神木形象，推进经济社会全面发展的新作为。未来，神木市将依托独特的文化资源禀赋、自然地理标识和历史文化标识，将国家长城主题公园建设与中华文明探源工程、黄河文化高质量发展、国家陕北文化生态保护试验区建设有机融合，将以建设长城国家文化公园为抓手，重点打造杨家城、神木老城、高家堡等神木长城营堡文化，辅以长城沿线乡村旅游带建设和民宿、餐饮、非遗文化等，形成神木长城独特的文化旅游产业，走出一条乡村振兴、农民致富、旅游产业高质量发展之路。

长城叙述历史，墩台记录时光。实地游走神木长城，仿佛为我打开一本穿越历史长河的史诗之书。每一处残垣断壁、每一块残缺砖瓦，都在天地间记录着长城的壮美，勾勒出长城特有的历史画卷。感谢陪我一起走过长城的各位神木朋友，期待我能再次出发，用眼睛阅读长城，用脚步丈量长城，用心灵体验长城的厚重和静美。

作者简介：霍彩玲，女，大学本科学历，陕西省图书馆三级研究馆员。现任陕西省图书馆学会办公室主任，兼任陕西省图书馆学会秘书长，《当代图书馆》副主编。撰写发表专业学术论文 50 余篇；参编图书 7 部，连续 17 年参编《中国图书馆年鉴》；论文 4 次荣获中国图书馆学会年会论文一等奖。

让历史文化走入现代文明

——神木非物质文化遗产的保护与传承

周　婷（陕西省图书馆）

非物质文化遗产作为中华优秀传统文化的重要组成部分、中华文化基因的重要载体，是延续历史文脉、坚定文化自信、推动人类文明交流互鉴的重要文化形态，被誉为"记忆中的档案"。神木地处黄河流域，是历史上的边关要塞、民族融合的前沿，黄河文化、黄土文化、长城文化、草原文化、大漠文化历经千百年融合交汇，形成了神木独具特色的非物质文化遗产，包括神木面花、神木酒曲、传统榨油技艺、手工地毯制作技艺等 87 项非物质文化遗产项目，彰显了神木丰厚的历史文化底蕴，也给神木现代文明建设提供了宝贵而丰富的资源。

1　神木市省级非物质文化遗产项目简介

目前，神木市共有省级非物质文化遗产代表性项目 7 项，分别是：传统音乐"神木酒曲"，传统戏曲"神木二人台"，传统民俗"神木火判官"，传统技艺神木面花、手工地毯制作技艺、神木传统榨油技术，民间文学"神木杨家将传说"。

1.1　神木酒曲

神木酒曲是民间喜庆饮宴时所唱的一种歌曲，曲调丰富多彩，既有陕北民歌如信天游、道情调、爬山调等，也有内蒙古一带流传的蛮汉调等。神木酒曲具有曲调自由活泼、词曲通俗易懂、句式灵活多变等特征，多为四句一段或两句一段。酒曲内容有固定套式和即兴自编两种形式。传统婚庆喜筵通常按"迎客""排座""敬酒"等逐一展开，如："风尘尘不动树梢梢摆，野鹊鹊（喜鹊）门上报喜来，梦也不梦贵客你今来，三杯杯烧酒表心怀。"唱酒曲时也常有即兴表演，即人们所说的"十唱九不同"："酒曲本是没梁的斗，甚会儿想唱甚会儿有。"神木酒曲还可以是故事形式，如《刮大风》《刮野鬼》《大女子担水》《卖菜》《打樱桃》等都是带有故事性的叙事酒曲，歌手也可以根据自己的专长，把戏台上的唱段甚至流行歌曲搬到酒场上来。一声声悠扬传情的酒曲，使人如痴如醉，一直唱到酒尽人散。作为一种独特的民间文化，神木酒曲不仅传达了陕北地区百姓对生活的热爱、对未来的向往，而且是促进人与人交流的重要形式，对于活跃群众文化生活具有积极的作用。

1.2　神木二人台

神木二人台是一种由民歌、坐唱、歌舞逐渐发展起来的地方戏曲剧种，是劳动人民在生产生活中宣泄情绪、表达情感的一种戏曲艺术。神木二人台源于清代，形成于清末民初，是多民族文化交融的产物，主要反映农村生活情趣和人民群众对自由和幸福的追求。神木二人台最先以男女二人表演为主，后来逐步演变为多人表演，演出的地点也由原来的以家庭院落、田间地头为主，逐步发展成为一种深受群众喜爱的舞台艺术。二人台的音乐风格既有北方高亢激昂的主调，也有中原委婉动听的旋律，不仅具有内容丰富、形式多样、寓意深刻等特征，而且具有重要的艺术价值和学术价值，为了解民俗文化、研究地域文化提供了可靠佐证，对发展地方文艺和民族文化、传承民族精神、丰富群众精神文化生活具有重要意义。

1.3　神木火判官

神木自古就有除夕之夜家家户户在庭院中或大街上"垒火塔"的习俗，俗称"火塔子"。据说，这样的习俗与神木地区高寒游牧的特点有关，人们认为"垒火塔"可以驱魔驱兽，保佑一方水土平安，火塔燃得越旺，预示着来年日子越红火，生活越幸福美满。神木火判官是"火塔子"派生出的一种表达心愿、开展集体活动、迎接喜事的民俗活动。火判官制作简单，只用泥土、杂草、砖即可塑成，拆除也容易。但火判官外形塑造很有讲究，头戴乌沙官帽，身穿玉带官袍，左手拿笔，右手拿帛，形象高大、威风凛凛，承载了陕北人民战胜困难的信心、智慧和勇气。神木火判官这一传统民俗原来主要集中在县城内关帝庙和西门口，时间以春节和元宵节为主。但随着文旅融合发展，这种传统民俗也逐渐进入一些景区，甚至还创作出歌曲《火塔塔》，成为主客共享的文化活动。

1.4　神木面花

神木面花是在农耕社会基础上产生的，以广大劳动妇女为主，以新麦面粉为原料

图 1　火判官制作

制作出来的一种民间手工艺术品。其源于对神农的祭拜、对天地的敬畏，继而发展成为告慰祖先、祛除邪恶、祈安求福的一项民间民俗活动。作为一项流传久远的传统民间手工艺术品，神木面花不仅是上等的祭品、绝佳的美食和贵重的馈赠品，而且有着丰富的文化内涵和深邃的民俗寓意，体现神木人民对人生的感悟、对祖先的崇拜敬仰和对美好生活的期冀与憧憬。神木面花的制作遍及全县各地，主要集中在北部风沙草滩区的大保当、高家堡、尔林兔、孙家岔和南部沟壑区的马镇、沙峁、贺川等地。神木面花不仅具有种类繁多、内容丰富、题材广泛、形态多变、寓意深刻的特征，而且具有较高的美学、历史学、社会学、民俗学等研究价值，是研究考证陕北传统民俗文化的"活化石"。

1.5　神木手工地毯

神木手工地毯在民族融合过程中进入神木，被誉为"铺在炕（地）上的画"。分布区域主要有神木镇、高家堡镇、乔岔滩乡等，辐射区域包括府谷县、定边县、横山区等。据《神木县志》记载："清道光年间，外乡人胡钎和杨某来县织毯，招徒传艺，始开神木地毯业。"中华人民共和国成立后，艺人薛仲雄组织成立了地毯合作社，1959年转为神木国营地毯厂，1961年产品开始出口国外。1980—1982年，神木县先后创办了八个地毯加工企业，从业人员达到1130余人。1982—1987年，全县从业人员达

图 2　神木面花成品

21450 人。随着产能的增加，神木地毯在原来基础上增加了京式、仿古式、波斯等新品种，而且以其做工精细、式样考究、色彩绚丽、规格齐全的特点，行销国内各地并远销美国、日本、瑞典、加拿大等国，成为当时神木县的支柱产业。地毯与神木人的生活习俗紧密相连，这里畜牧业比较发达，有充足的毛源，加之冬季干燥寒冷，为了保暖御寒，人们选择了在炕上铺地毯。神木手工地毯制作需要经过绘图、染线、挂经、编织、平毯、洗毯、剪花等 16 道工序才能完成，具有浓郁的地方民俗文化价值、独特的审美价值、朴实的实用价值和较高的经济价值。随着科技时代的到来，从事手工地毯制作的工匠越来越少，但是仍有那么一些人，继续坚守在这个传统手工艺领域，传承着古老的地毯制作技艺和文化。

1.6　神木传统榨油技艺

"一根横柱吊悬空，撞楔声声震耳聋。油坨出油渐沥下，碾车碎籽转匆匆。"这是神木民间流传的一首有关民间榨油的打油诗。据《神木县志》记载，神木榨油业历史悠久，传统榨油技艺用胡麻子、黄芥、芝麻、麻子等油料作物，通过炒、磨、蒸、压加工制造出食用黄油的生产过程。黄油具有补五脏、益气力、增智力、强筋骨等作用，并且口感好、老少皆宜，因此成为神木人的主要食用油。榨油过程看似简单，但每一道工序都是极其重要的环节，如炒油籽的秘诀是"黄芥炒成苍狗狗，芝麻炒成烫手手，

图3　神木手工地毯织毯场面

胡麻炒成老鹰头"。将炒好的原料用人工石磨磨成粉，也是一个十分费工的过程，过去通常是在石磨上套两头牛推磨，一天四头牛轮流推，从早六点推到晚六点，牛歇人不歇，两天下来推450斤油籽为一榨，榨油140斤左右。现在的神木手工榨油技艺主要分布在栏杆堡，这里盛产黄芥、胡麻、芝麻等油料作物，拥有榨油的天然原料优势。然而，神木榨油也面临着传承人越来越少、传承技艺逐渐丢失、原材料供应短缺等危机。

图4　神木传统榨油技艺

1.7　神木杨家将传说

神木古称麟州，是杨家将领军人物杨业的故里，因此，人们也称麟州城为"杨家城"，是杨家将故事的发源地。杨家将传说主要以杨家三代在杨家城主政的半个世纪为基点，以杨业及其子孙忠君爱国、英勇杀敌为主线展开。杨家三代人以强烈的责任心、高度的爱国情怀和抵御外敌入侵、保境安邦、精忠报国的精神，谱写了一曲曲动人的赞歌，感染了世世代代的神木人。从宋代开始，围绕杨家城、杨家将的历史，神木地区演绎出了许多文化遗产，包括诗词、戏曲、民歌、绘画、剪纸等，其因形式多样、便于传承、地域特色鲜明、感召力强等特征而广为流传。它不仅是对民间故事的传承和对中华优秀传统文化的再发掘，而且对于彰显地域文化特色、凝聚民族情感、汇聚民族复兴力量具有重要价值。杨家将的忠勇精神，也成为当地的一种文化符号和精神象征，成为神木城市精神的重要组成部分。

2　神木非遗保护的创新实践

非物质文化遗产既是人类社会历史发展的见证，也是滋养民族精神、展现民族智慧、增强民族文化自信的重要载体。作为文化资源丰富、文化底蕴深厚、经济实力强劲的城市，近年来，神木积极贯彻《中华人民共和国非物质文化遗产保护法》，结合国家级陕北文化生态保护实验区建设，不断加强非物质文化遗产发掘、保护、传承与利用，探索出一条符合国家政策、具有地域特色、满足人民美好生活需要的创新之路。

2.1　非遗发掘、整理与保护

非物质文化遗产是承载历史、凝结乡愁的重要载体，而对非物质文化遗产的科学发掘、有效保护，是传承非物质文化、凝聚民族精神的基本前提。为了让历史文化焕发新时代魅力，从 2018 年开始，神木组织开展文化资源普查工作，对全市各级各类非物质文化遗产基础数据进行摸底调查和档案整理、实物收集。神木市档案馆将非物质文化遗产项目列入建档范围，通过访谈知情人士、收集整理查询具有保存价值的各种载体的档案资料、邀请非遗传承人或对非遗有研究的相关人士录制视频资料等方式，将相关文字与视频资料作为非遗档案永久保存。2021 年完成"黄河流域非遗资源"调查登记工作，形成文字记录材料 15 万余字，照片 1000 余张，影像资料 200 余小时。

2021 年 9 月由陕西人民出版社出版了《神木非遗传承人口述史》。

2.2 非遗的传承与利用

为了提高神木非物质文化遗产的影响力和传承实效，神木通过举办非物质文化遗产进校园、进基层、进景区等系列活动，充分展现神木非物质文化遗产的魅力，推动非物质文化遗产创造性转化、创新性发展。

一是在青少年宫、青少年活动中心、惠泉路社区、高家堡古镇、杨家城、尔林兔大草原、二郎山、杏花滩等地，广泛开展晋剧、泥塑、二人台、酒曲等非遗项目培训，普及非遗知识。为了培养中小学生对"非遗"的保护传承意识，神木市文化馆本着非遗保护"从娃娃抓起"的理念，结合学校教学，将杨家将武术、泥塑、二人台、说书、酒曲等非遗项目引入神木四小、二小、三中、十一中等学校，创作编排的《杨家将武术操》成为神木六小全校 5000 名师生必学的课间操。

图 5　2023 年在"文化和自然遗产日"期间，杨家枪武术技法进校园展演

二是举办系列非遗展示展演活动。神木市积极组织人员参加陕西省第四届非遗传承人绝活才艺展示活动。于每年春节期间举办为期 7 天的"非遗过大年"文艺节目表演，每年在各景区举办"文化和自然遗产日"非遗展演活动，每年农历七月十五举办面花技艺交流和比赛活动，通过"神木文化旅游推介会"等活动大力宣传神木非遗项目。2019 年春节期间，由神木市文体广电局主办，神木市文化馆承办的"2019 神木市非物质文化遗产民俗展"在神木市文化馆二楼开展，展览以图片文字加实物的形式，生动地展示出神木非遗文化的艺术魅力，激发了市民对地方优秀传统文化的热爱。

三是通过艺术精品创作，推动非物质文化遗产创造性转化和创新性发展。神木市文化馆根据神木酒曲创编的表演唱节目《歌从黄河岸边边来》荣获全国群星奖等荣誉，参与创作的晋剧《母殇》荣获全国文华奖，陕北地方音乐剧《酒曲人生》入选2022年陕西省重大文艺创作精品项目。2023年，神木市文化馆依托非遗陈列馆场地，新编沉浸式动静结合节目《我的酒曲》。

2.3 用"非遗"推动旅游产业发展

文化是历史的烙印、城市的灵魂、旅游的核心。在文旅融合发展的新时代，神木充分利用自身历史悠久、文化底蕴深厚和境内文物古迹遗存多等优势，不断深化文旅融合，推动文旅产业转型升级，实现经济价值与文化价值共同提升。

（1）神木火判官。每到传统节日春节期间，在神木老城内关帝庙、西门口和高家堡古镇街道两侧，便有工匠制作火判官，一到子夜，伴随着歌曲"火塔塔"的演唱，燃烧起来的火判官"五官"喷火，光焰四射，等候在此的居民和游客欢呼雀跃，共同为新年祈福、祝愿。

（2）神木酒曲、神木二人台。为了更好地传承地方传统戏曲和酒曲艺术，丰富群众精神文化生活，神木市每年都会定期举办酒曲和二人台擂台赛，该活动吸引了晋陕蒙三省众多的歌迷、戏迷前来参赛助兴。在各大景区和文化旅游节中，酒曲和二人台成为文艺演出的必备节目。企业赞助民歌（酒曲）大赛也成为一种"新时尚"。

（3）神木手工地毯制作技艺。在每年的文化和自然遗产日、国际劳动节和国庆节期间，神木手工地毯便会进入神木各大景区进行展览，展示制作过程。2023年2月，神木手工地毯制作技艺在榆林市举办的首届全国非遗年会上进行展示，给与会代表留下了深刻印象。神木市文化馆以深受群众喜爱的地毯图案——"鹿鹤桐松"为基础，设计制作了福鹿丝巾、福鹿咖啡杯、福鹿遮阳伞、福鹿旅行茶具套装等文创产品。

（4）神木面花。在高家堡古镇景区，面花作为本地特色成为众多游客的购物选择。为弘扬中华优秀传统文化，加强对非物质文化遗产的传承与保护，神木市文化馆经过精心筹划，分别于2018年8月20日、23日和24日在神木镇分馆、大保当镇分馆及高家堡镇分馆举办了三场"传承非遗文化·弘扬匠心精神"神木市第三届面花大赛。如今，神木市每年都会举办面花技艺交流和比赛。

图 6　神木手工地毯作品《鹿鹤桐松》

（5）神木杨家城传说。2016 年 6 月 17 日，首届杨家将武术交流大会在神木市文化馆召开。此次交流大会通过刀术、剑术、枪棍鞭、拳术等系列精彩纷呈的表演，再现了杨家城武术文化的独特魅力，弘扬了杨家将武术精神，为神木全面开展杨家将武术健身运动奠定了良好基础。2019 年 12 月 25 日，由神木市文化和旅游文物广电局主办，神木市文化馆承办的"陕北年·看神木"杨家将文化戏曲艺术节启动仪式暨秧歌大赛在人民广场举办。近年来，神木加快对杨家城（麟州旧址）的开发建设，吸引了全国各地的游客前来观光旅游、研学，杨家将忠勇爱国精神通过旅游得到广泛弘扬。

（6）神木传统榨油技艺。神木传统榨油技术加工制造出的黄油具有鲜明的地域文化特色，黄油因具有营养价值高、口感好、老少皆宜、久存不易变质等优点，符合当今老百姓注重健康、养生的需求，具有很强的市场竞争力。

图 7　神木传统榨油技艺生产出的成品

3　神木"非遗"保护与传承工作的经验启示

神木市文化馆始终坚持"保护为主、抢救第一、合理利用、传承发展"的方针，秉持"创造性转化、创新性发展"的理念，坚持做好非遗抢救、保护、传承、利用工作。神木手工地毯制作参加了首届全国非遗年会，被列入"陕西省第二批省级非遗工坊"名录；神木传统榨油技艺和神木二人台获得陕西省非遗专项基金支持；神木酒曲入选陕西省重大文艺创作精品项目，2022 年走进中央电视台；《神奇神木　非凡非遗》儿童情景剧在中国教育电视台播出。神木市文化馆也多次被陕西省艺术馆、陕西省非遗保护中心评为全省公共文化服务先进集体和非遗保护先进集体，形成了让非物质文化遗产"活"起来、"美"起来、"火"起来的"神木经验"。

3.1　正确把握保护和传承的关系

非物质文化遗产的发掘与保护是实现"非遗"传承的基本前提。面对非遗代表性项目传承人文化水平参差不齐、传承后继乏人、工艺传承不彻底等问题，神木持续加大对非遗工作管理人员和代表性传承人的培训力度，组织"非遗"资源普查，建立非遗档案数据库，推动技艺类非遗市场化发展，组织神木手工地毯工艺、神木面花、神木二人台、神木酒曲、神木传统榨油技艺、杨家将故事等下基层、进校园、进景区的活动，形成了非遗抢救、保护、传承、利用的完整体系。

3.2 加大非遗宣传和传播的力度

神木非物质文化遗产具有鲜明的地方特色，加之地广人稀，非物质文化遗产项目的知名度、传播力都受到了一定限制。神木精准把握春节、元宵节、劳动节、儿童节、国庆节和世界非遗日、国家旅游日等重要时间节点，在文旅活动和景区建设中着重展示、宣传非遗，在公共文化服务活动中重视非遗知识的普及和传播，特别是通过微信公众号、微博、抖音、快手等新媒体平台，加大非遗宣传力度、扩大"非遗"传播范围，彰显传统与现代的交融。

图 8 2023 年 6 月 10 日杏花滩公园的非遗展示活动

3.3 实现经济价值与文化价值的统一

非物质文化遗产之所以成为历史文化瑰宝，一个重要因素就是它具有经济价值和文化价值。就经济价值而言，非遗具有明确的实用价值和经济价值，比如神木面花、神木地毯、神木传统榨油技艺等，之所以能够传承至今，是因为它们满足了特定历史条件下百姓生活的具体要求；就其文化价值而言，非遗代表着特定区域人们的精神风貌和价值追求，比如神木二人台、杨家城故事、神木酒曲等，反映出神木百姓自强不息、勇于奋斗的精神以及对美好生活的向往和追求。神木在传承和发扬这些非物质文化遗产所彰显的精神同时，也实现了其经济价值。

神木的非物质文化遗产蕴藏着实践的真知，记录着古朴传统的生活方式，见证了绵延不息的文明传承，凝聚着神木人民勤劳与智慧的结晶。从豪放欢快的神木酒曲、二人台到铁面无私的神木火判官，从精美的神木面花到古老的神木传统榨油技艺，从杨家将戍边卫国的英勇故事到盛极一时的神木手工地毯，丰富的文化遗产如同一棵盘根错节的大树，在神木这片文化沃土上保存着厚重的文化民俗记忆。

作者简介：周婷，女，大学本科学历，馆员。现就职于陕西省图书馆，从事外文文献读者服务工作。研究方向为公共图书馆文旅融合、人力资源管理等。

第三编

城乡一体共同富裕：
文化赋能乡村振兴的神木实践

承山水文脉，绘共富新景

——传统村落温路家村的振兴之路

李博阳（陕西省图书馆）

1　山水文脉古村落

陕北古村落温路家村隶属神木市贺家川镇，坐落天台山脚下晋陕峡谷腹地，前瞰黄河，后窥窟野，襟山带水。据天台山崇峰寺碑文记载，早在 1500 多年的北魏（元宏）时期就有村民栖身于此。现有温家川和路家沟两个自然村，户籍人口 1484 人，常住人口 286 人，是陕西省级传统村落。

1.1　风貌独特的沿黄古村落

窟野河的激流冲出神木南部的山麓谷口，在与黄河交汇处形成的冲积扇地貌，造就了温路家村丰泽膏腴的土地。古村落中一排排错落有致的陕北石窑，伴随着晨曦天台洪钟、日暮黄河涛声，展现出一种独特的自然人文之美；世代传衍的转九曲、闹秧歌、流水船、唱道情、演晋剧，彰显出黄河峡谷历久弥新的古韵乡风；周边遗存的明清时期为防御敌患侵扰而修筑的五处古寨，保留了陕北边关堡寨式建筑的形制风貌，是古代村民守望乡土、期待和平的历史见证。

1.2　红色映辉的革命老区村

温路家村是神府红军游击队和神府县政府的诞生地，拥有丰富的红色革命遗迹、革命人物和红色故事。1933 年 10 月，神府第一支革命武装陕北红军神府特务队以 7 个人 4 条枪的微弱力量，揭开了神府地区武装斗争的帷幕，随后又发展成为陕北红军游击队第三支队、陕北红军独立第三团、陕北红军独立师，现为中国人民解放军装甲兵第四十二团。1937—1946 年，神府县政府在温路家村成立，这里成为神府革命根据地的政治、文化中心，为革命军队提供各类生产物资，并培养出一批军、师、团级领导干部。贺龙、关向应、林枫、乌兰夫、高岗、张闻天、邓子恢等人在这里留下了英勇战斗的足迹，刘志丹率红二十八军从这里东渡黄河等重要历史事件与光辉人物事迹流传至今。

1.3 耕读传家的乡风文明村

温路家村历来重视耕读传家。据《温家川村志》记载，其最早的学堂兴建于光绪年间，1937 年成立公立小学，1958 年兴办完全小学，1976 年村民温治堂开办"五·七"高中，面向社会招生办学。新中国成立以来，这里先后为国家培养出县级以上领导干部百余人，大学生 200 余人，其中硕士以上学历 20 余人。特别是温治堂家庭通过传承 32 字家训、28 字家规和设立"家庭奖学金"等优良家风家训，育志育德、润泽乡风，先后被评选为"全国文明家庭""全国书香之家"，是中宣部、全国妇联向全国推介的十户"教子有方最美家庭"之一。近几年，在村两委带领下，温路家村筹资百万，兴建文化广场、文化礼堂、新时代文明实践站、图书阅览室、多功能活动室等村民"家门口"的公共文化空间设施，彩绘文化墙美化村居外墙，展现出新时代乡风文明建设新景象。

1.4 林果飘香的特色产业村

温路家村有耕地 3800 亩，红枣林地 2100 亩。暖湿气流带来了充裕的降雨量，这里土壤肥沃，日照充足，是发展特色林果业、设施蔬菜和小杂粮种植的丰沛宝地。改革开放后，温路家村人利用这片沃土，深耕绿色农业，大面积种植品种优良的枣树。大红枣红似玛瑙、味鲜色好，是馈赠宾朋或走亲访友的佳品。随着红枣产业在当地的集聚发展，温路家村引进现代技术，加工乌枣、酒枣、烤枣、枣茶等有机红枣衍生品，并举办"红枣节"助推红枣产业化进程，巩固红枣的主导产业地位，变红枣为农民增收致富的"金果果"。如今，温路家村的红枣佳品、优质杂粮等源源不断地进入"国香神木"特色农产品的礼包，是"国香神木·黄土天成"的标识来源，在推进脱贫攻坚与乡村振兴有效衔接方面，发挥出积极作用。

2 兴村富民新实践

2.1 活化文化资源禀赋，融入沿黄文旅产业

温路家村位于神木市"一环多廊"旅游联动格局的环城发展轴线上，在神木市打

造"一心四组团"沿黄生态风情带布局中，具有重要而独特的区位优势。温路家村基于村域深厚的红色文化与民俗文化遗产，积极融入沿黄文旅产业发展，通过盘活村域历史文化资源和发展红色圣地旅游、乡村民俗旅游，不断增加高品质沿黄文旅资源供给，展现出沿黄村落厚重多彩的历史积淀、特色鲜明的人文之韵。

温路家村东天台峰，近傍黄河，势若高台。南北山峰，山势陡峭，各有约百米长的明代建筑群，壁立河水一侧，壮丽山水与千年文化完美结合。南山顶上，宽大的崇寺楼后，屹立着高十余米的"刘志丹东渡纪念碑"，为天台山至高。1936 年春，陕北红二十八军在刘志丹和宋任穷的率领下，移师贺家川驻扎在天台山寝宫殿，攻下沙峁头，兵指山西。3 月 31 日，红二十八军在红三团和新三支队的配合下，强渡黄河，攻下了兴县罗峪口。2008 年，刘志丹东渡纪念馆于天台山兴建落成，该馆建筑面积 1256 平方米，生动记录和展现了陕北红军发展壮大的历史和刘志丹率部东渡、开辟晋西北战场的事迹。2015 年，温路家村争取政府投资 150 万元，新建贺家川镇红色革命纪念馆，该馆采用图文介绍、实物展示、视频播放等形式，全景式再现了土地革命、抗日战争和解放战争时期发生在贺家川镇的历史事件、代表人物、革命故事，成为追寻革命历史遗迹、进行革命传统教育和红色文化旅游的珍贵资源。该馆年接待游客达 2 万人，2016 年被榆林市委、市政府命名为爱国主义教育基地，2017 年被神木县纪委评为神木县党风廉政警示教育基地。刘志丹东渡纪念馆、贺家川镇红色革命纪念馆两馆的创建，以及对村神府特区苏维埃政府旧址、神府红军特务队旧址、中共神木县委旧址

图 3　天台山刘志丹东渡纪念馆

等红色文化遗产的保护与挖掘，进一步提升了温路家村红色文化的影响力。

闹秧歌、转九曲等，是温路家村人主要的民俗文化活动。转九曲又称九曲灯游会，是陕北人民根据《封神演义》里的九曲黄河阵衍生而成的一种民俗文化活动。据传，温路家村的九曲灯游会早在明末清初就曾在魏家畔的脑畔梁上举行。每到正月十五下午，人们用高粱秆栽成一个四方形的图阵，上面再放上用泥做的油灯。夜幕降临，360盏油灯同时点亮，锣鼓唢呐齐奏，秧歌队打头进入九曲连环阵，从四面八方赶来的男女老少举着彩旗，在秧歌队、鼓乐队的带领下，像一条长龙挤满了"九曲"迷宫。远远望去，黄河九曲人流如潮，秧歌穿行焰火腾空，浑厚的锣鼓，敲出了千百年来人们祈愿平安吉祥、农事风调雨顺的希望，敲出了黄土地的气势。如今，随着"九曲花灯黄河园"的规划建设和活动规模的扩大，温路家村的九曲灯游会也在丰富节日形态、推动文旅深度互融、延伸沿黄文旅产业链和带动乡村振兴等方面发挥出更大作用。

2.2　完善乡村文化治理，塑造乡村善治格局

近年来，温路家村通过好家风评选、村民议事厅等乡村治理手段，持续提升基层组织自治、德治、法治的工作水平，形成了诸如"最美家风""三治融合""道德润村"等治理经验，为文化赋能乡村振兴提供了可参考的路径。

家风文化是以家训、家规为主要内容并世代相传的文化形态，是乡村文化治理乃至社会治理的重要基础。近年来，温路家村深入挖掘本村优秀家风文化，梳理温氏家风文化，编辑出版《家风·财富》一书，以家庭奖学金制度、名人与家风、家庭奖学金大事记等10个章节16万字，全面记录了温治堂家庭在家风建设方面的成果与影响。村域慈孝之风、耕读之风、信义之风、勤俭之风蔚然兴起，起到了"小家庭"撬动"大治理"的积极作用。在此基础上，温路家村还积极参与神木市"实体家风馆+网上家风馆+流动家风馆"建设，先后多次组织参与"文明家庭""最美家庭""孝老爱亲"等评选表彰活动，走进校园开展"开学第一课"家风故事分享会、家庭教育公益讲座等家风文化传播活动，将温路家村建设好家庭、弘扬好家风、汇聚向善向上正能量的经验做法，传播到更远的地方，惠及更多家庭。

温路家村充分发挥基层党组织的战斗堡垒作用，积极探索以"党建引领+村民自治"为总体方向、以"一组两会三级治理"为基本架构的乡村社会治理新模式，建设"民事民提、民事民议"的开放性村民议事厅，使村民成为村落公共活动的主导者和村落治理的能动者。在村民议事厅里，村内党员干部、村民代表不定时地围绕生态发展、

人居环境整治、村落规划、"厕所革命"等相关事项展开讨论，为村落公共事务决策提供建议。为了拓宽议事参与渠道，温路家村还建立村务微信群，方便在外务工、经商的村民参与本村治理。据不完全统计，截至 2023 年 5 月，温路家村村民议事厅里已召开村民议事会近百次，解决问题 200 余件。村民议事厅不仅是各项惠民政策的传播平台、公共事务的决策议事平台，也是村民表达诉求、参与村落治理的发声平台，其承载了村落整体层面上的价值认知与村社认同，发挥了经济生产、文化教育、政策宣传的复合功能，促进温路家村乡村善治良好氛围的形成。

2.3　厚植农耕文化沃土，合作发展特色产业

温路家村秉持村社联建、生态发展理念，打造"村委会+合作社+基地+农户"的服务联合体，先后成立种植合作社 3 家、农产品加工厂 3 处，以产业为平台、股份为纽带，统筹推进"三变"改革，激活农村集体、农民的"沉睡资源"，让他们共同享受到入股分红收益。同时，为了丰富拓展农耕文化载体，将传统的农事活动、农耕文化与农业科普相结合，使"农耕园"变身"体验园"。

温路家村盛园农民专业合作社成立于 2010 年 5 月，是一家以设施农业为主的国家级农民合作社示范社。合作社依托村党支部领办的优势，按照"土地变股权、农民当股东、收益靠分红"，统一物资供应、统一品种、统一技术、统一包装、统一销售的模式，吸纳入社成员 182 户 812 人，村民全部参股，注册资金 600 万元。截至 2023 年，已建成设施农业面积 300 亩，日光温室 60 座，鱼塘 4 座，生态农庄 1 处，累计投入资金 1800 万元，成为神木中南部规模最大、品种最全、独具特色的多功能现代农业综合园区，其产品通过了"国家无公害农产品"认证，并注册"温家川盛园"商标。为扩大生产规模，进一步拓展农业功能，引导农民走多元化发展的道路，合作社先后引进瓜果新品 20 多种，包括冬枣、灵武长枣等，进行科学培养、科学种植。引入省内外农业技术人才，培育新型职业农民 6 人，科学发展新型产业，年产果菜 150 多万斤，带动村内富余劳动力就业。合作社投资建设的生态农庄设备完善、功能齐全，四季瓜果飘香，在这里开展农耕文化体验项目，游客可以通过参与农事种植、采摘、施肥等，了解农耕文明发展中传统农具的设计原理、功能、用途与演变，体验传统农耕方式和现代机械农业的差异，收获种植业相关知识，感受劳动人民的农耕智慧。生态农庄年接待游客上万人，实现年产值 300 万元。

枣之为"早"，因其"结果早""见效快"居各种果树之冠。温路家村依托天时地

利人和，红枣种植几乎年年扩大、年年丰产，但随之而来的滞销风险也逐年增加。为了让村民获得更高更稳定的收益，解决红枣低价、难卖的问题，有一定经济基础的温海应联合当地的枣农发展红枣深加工产业，于 2010 年创办了"老农夫农产品生态开发公司"，投入固定资产 1200 万余元，占地面积 4500 平方米，包括烤房、保鲜库、冷藏室、生产车间、包装车间、材料库、成品库、办公生活区等生产生活设施。2011 年正式注册"陕北农夫"商标并成立老农夫农产品生态开发合作社。截至 2023 年，合作社园区种植面积 1100 余亩，其中土地流转红枣种植 505 亩，培植无公害小米 320 余亩、黑豆及其他杂粮 300 余亩，培育新品种狗头枣种植 20 余亩，年加工红枣、小杂粮 1000 余吨，年销售收入 640 万余元、净利润 35 万元，带动农户 320 余户，其中在册精准扶贫户 34 户，合作社与扶贫户签订种植合同及劳务合同使每户年增收 3200 元以上，解决了当地剩余劳动力的就业问题，带动农户经济增收致富。为了拓宽特色农产品销售市场及平台，合作社创办了"神木市特色农产品展销中心"，结合电子商务经营模式，与当地恒生、百姓等商超及博爱 30 余家连锁店联合扩展销售市场，带动温路家村农产品产业快速发展。"老农夫"产品先后参加了中国农产品交易会、杨凌农高会、全国粮食展、葵花节会展等，合作社也荣获镇级"精准扶贫"工作优秀企业、陕西省林业产业"重点龙头企业"、陕西省示范农民专业合作社等称号。

3　乡村振兴新示范

3.1　串珠成链，推动红色旅游高质量发展

温路家村依托自身独特的红色文化遗迹、红色文化故事和地处黄河岸边的区位优势，串珠成链，积极保护开发红色文化资源，开展红色革命纪念馆等重点项目建设，注重通过微信公众号或抖音等短视频平台宣传当地特色景点，创新驱动发展"红色文化+餐饮""红色文化+场景体验""红色文化+手工艺制品"等"红色文化+"新模式，为红色旅游增添更多"流量"，在彰显红色文化重要内涵的同时，用实实在在的实践成果，诠释了"红色即民生"理念。

3.2　党建引领，推动乡村治理现代化

温路家村充分发挥基层党组织的战斗堡垒作用，积极吸纳村组干部、乡贤人士、退休职工、企业业主等参与乡村社会治理。一方面深入挖掘本村优秀家风文化，组织

参与"文明家庭""最美家庭""孝老爱亲"等的评选表彰，推动"实体家风馆+网上家风馆+流动家风馆"建设，开展家风故事分享会、家庭教育公益讲座等家风文化传播传承活动，汇聚向善向上正能量；另一方面，积极探索以"党建引领+村民自治"为总体方向、以"一组两会三级治理"为基本架构的乡村社会治理新模式，通过"民事民提、民事民议"方式，让村民成为乡村治理的主体，解决了大量乡村经济发展、文化建设、乡风文明建设等实际问题，形成了具有地域特色、符合新时代农村发展实际的基层治理经验体系。

3.3　创意下乡，推动农文旅商融合发展

温路家村自成立农民合作社以来，从贫穷落后村落蝶变为"市级美丽乡村""生态文明示范村""省级美丽宜居村""乡村振兴示范村"，温家川村被列入全国"一村一品"示范村镇。合作社以现代农业园区特色产业的绝对优势，开发林果、蔬菜、杂粮等特色农产品种植、加工、销售的全链条生产线，提高了传统农业生产产值，村民家庭人均收入更是从 2010 年的不足 3000 元增长为 2022 年的 19620 元。合作社还借助革命老区红色资源和天台山景区以及沿黄观光路等资源优势，大力发展休闲农业，将原本单一的传统农业生产区建设成为区域最大的展示现代农业科技发展、体验乡土田园生活、提供特色农产品服务的多功能采摘园，并依托传统建筑建造生态农庄，既改善和提升了村落空间环境品质，又带动了乡村旅游、红色文化旅游和农户各类小作坊加工，带动周边村民发展致富产业，吸引了村落外流人口的回归。盛园农民专业合作社、老农夫农产品生态开发合作社也双双获得"陕西省林业产业重点龙头企业"称号，温路家村红枣产品被中国家绿色产品发展中心认定为神木市首家"绿色产品"，"温家川盛园"商标被认定为"陕西省著名商标"，形成了创意下乡、推动农文旅商融合发展的典型经验。

　　作者简介：李博阳，女，研究生学历，副研究馆员。现任陕西省图书馆副馆长，兼任中国图书馆学会第九届理事会阅读推广委员会儿童与青少年阅读推广专业委员会委员、陕西省图书馆学会第八届阅读推广委员会副主任。研究方向为阅读推广。发表学术论文 10 余篇。

"红"了产业，"绿"了家园，"富"了精神

——西豆峪村的"诗和远方"

强　颖（陕西省图书馆）

1　钟灵毓秀历史村落，文脉绵长陕北福地

1.1　独特的自然地理风貌

黄河蜿蜒迂回，浩浩汤汤，流至秦晋大峡谷开阔地带的凤凰山下，河水变得宽阔平缓，泥沙经万千年淤积形成滩川。万镇镇西豆峪村就因位于黄河与豆峪河交汇的峪口而得名，素有"水包莲花城"的美誉。明清时期，西豆峪村属葭州（今佳县）管辖，一度航运繁盛，舟楫林立，是有名的沿黄古渡村落。抗日战争时期西豆峪划归神木，2015 年村庄合并后，村域有西豆峪、西峁沟、强家峁、任家畔、赵石梯等 5 个自然村组，村民姓氏以李、毛、强、刘等大姓为主。2022 年，全村共有户籍人口 438 户 1114 人，常住户 114 户 172 人。

1.2　悠久的历史文化遗存

西豆峪村历史文化悠久，风光旖旎，文物荟萃。位于村西五公里的凤凰山，山势奇险高耸，岭角相连，宛如一只振翅欲飞的凤凰，相传唐朝时有凤来仪而得名。立于山巅之上，可一览群山蜿蜒和黄河苍茫之势，是沿黄游览的观光胜地。位于沿黄公路旁石崖，经过大自然鬼斧神工的风蚀、水蚀形成的自然奇观"蒙汉天书"，远观如洋洋洒洒的蒙古文巨篇，形象生动，风格独特，堪称一绝。黄河岸边悬岩之上，嶙峋的飞来怪石"香炉峰"也是峡谷独特奇观。西豆峪村主要有史前遗址、汉代墓葬、明清庙宇及石窟寺等古迹。其中，始建于明代的凤凰山庙群、石窟、中峰庵庙群是神木市文物保护单位。丰富的历史文化遗存，见证了西豆峪的往日繁盛，体现了它的悠久文脉。

1.3　激荡的红色革命记忆

西豆峪是神府革命根据地组成部分。1930 年中共西豆峪基层党组织成立，1932 年

设立红军地下交通联络站。抗日战争时期，神府地区成为晋绥边区的可靠后方，八路军120师在黄河右岸设置运输兵站，在西豆峪设第二兵站，主要负责物资及伤病员的转运。解放战争时期，西豆峪作为革命老区，青年踊跃参军，群众全力支援前线。在这片红色热土上，留下了李含惠、毛凤翔、李望淮、李正亭等30多位老一辈无产阶级革命家前赴后继、浴血奋战的传奇故事。2007年，西豆峪建起了革命纪念室，通过图文向后人讲述革命英烈的光辉事迹。

1.4 特色的黄河木枣之乡

西豆峪地处黄河中下游北纬38度，这里四季分明，空气清新，日照充足，是传统的黄河木枣之乡。当地流传着一句话："听得见黄河水声的枣树才能生长出好枣。"黄河木枣又称母枣、药枣，在独特地域优势和气候环境的滋养下，果实结实，酸甜适度，品质上乘。相传唐代时，黄河木枣曾与闽南荔枝并称为"南北双贡"。清代，西豆峪红枣是北京"同仁堂"做药引子的指定品种。20世纪80年代实行联产承包责任制后，村民大量栽种枣树，红枣逐渐成为村域主导产业，种植面积、产销数量均达到历史峰值。丰收时节，漫山遍野的枣林染红了西豆峪的沟沟峁峁。

1.5 深厚的民俗文化积淀

一方水土养一方人。西豆峪村山环水绕，人文底蕴深厚，黄土农耕文化、黄河文化和红色革命文化在这里交相辉映。气势雄伟的黄河峡谷，漫山遍野的枣林碧波，源远流长的文化遗存，壮怀激烈的红色故事等，让这个钟灵毓秀、历史悠久的古村落远近驰名。这片内涵深厚的土地养育了一代代勤劳、朴实、乐观、多才多艺的人们。晋剧、道情、二人台、陕北民歌，流水船、转九曲、敬河神等传统民俗至今仍然是村民春节文娱活动喜爱的项目，特别是源自明清时期的庙会上闹秧歌，更以规模大、人数多、时间久而闻名遐迩。

2017年，陕西沿黄公路建成通车，西豆峪村交通面貌发生巨变，乡村旅游日渐发展壮大。2020以来，国家提出黄河生态保护和高质量发展战略，陕西省和陕北文化生态保护实验区也出台了黄河国家文化公园和黄河文化旅游带建设规划，在一系列政策扶持和项目带动下，西豆峪村迎来了前所未有的发展机遇，走上了乡村全面振兴的"快车道"。

2 宜家宜业魅力家园，乡村振兴生动样板

2.1 危机变转机，红枣变"红利"

进入 21 世纪以来，由于受雨带北移的影响，秋季降雨量成倍增长，加上村内劳动力减少、红枣初级加工产品同质化严重、红枣市场疲软、效益低下等原因，枣农种植管理枣树的积极性受到严重打击，红枣减产绝收的情况也时有发生。过去当地百姓的生命树、致富树，变为枣农的"伤心树"，种植枣树的土地被大面积撂荒。

大学生村官张亮的到来让这一窘境发生了翻天覆地的变化。张亮看到村民的愁苦，感念村民的质朴和善良，立志要改变现状，从而开始密切关注红枣种植和深加工产业发展问题，寻找红枣产业转型发展的新方向。2011 年，张亮注册成立了一家聚焦红枣有机种植、科技研发、生产销售为一体的高新技术企业——陕西华和实业有限公司，研发和生产红枣咖啡、红枣浓缩汁、红枣植物能量饮等高端红枣深加工产品，打造高端红枣健康食品品牌"曼乔（Manccio）"，拉开了陕北黄土高原百万亩黄河木枣产业革新序幕。

图 1　高端红枣健康食品品牌"曼乔"产业基地

2017 年，神木市林业局在万镇等沿黄河乡镇实施红枣提质增效工程，借助政府政策和资金扶持，大力推广红枣低产园改造。陕西华和实业有限公司积极响应政府号召，

通过企业流转承包枣农土地，建成枣树有机种植示范基地，采用低产园改造技术和有机种植方式，将土地分包给村民进行科学化、标准化统一管理，将枣农转化为产业工人，企业给予枣农枣树管理补贴，使村民获得稳定收入。同时，通过高价兜底收购枣农红枣、帮助枣园低产园改造、对贫困户采取入股分红、联系电商平台义务帮助枣农售卖鲜枣、优先雇佣贫困家庭及农村剩余劳动力等方式，助力枣农保收增收。红枣产业的创新发展和转型升级，使得黄河岸边逐渐凋敝的枣林重获生机，使枣农生活重新红火起来。

2.2　产业促生态，"一业"变"多业"

随着红枣产业革新发展的蓬勃态势，2018 年，陕西华和实业有限公司在旗下曼乔品牌的基础上，打造了集有机红枣种植管理、科研生产、文旅服务、科普教育于一体的综合性园区——曼乔红枣科技园。科技园坐落在美丽的凤凰山脚下，南邻黄河、西望凤凰山、北依万亩枣林、东望天台山，地域环境以黄土高原景观、黄河大峡谷自然风光为主，古朴清幽。园区拥有枣林面积 2000 亩，开发观光采摘面积 500 亩，建设有曼乔展厅（游客中心）、科研生产中心、营地服务中心、西峁沟生态观光区等。其中，

图 2　西峁沟生态观光区

曼乔展厅布置有枣乡摄影展、神木市图书馆曼乔分馆、民俗手工艺品展示、工厂参观走廊等。游客在品尝特色咖啡的同时，可以自由阅读，可以观赏展览，也可以参观工厂车间了解一颗红枣的蜕变过程。作为园区旅游配套设施，企业与神木市文旅集团合作，将原曼乔咖啡加工厂展厅、厂区、办公楼、宿舍楼及餐厅改造成为现代风格的精品乡村旅游度假酒店——黄河驿站。黄河驿站紧临黄河西岸，是沿黄公路自驾游客回归自然、体验乡村气息，亲近晋陕大峡谷自然风光的停留之所，也是沿黄旅游带独特的人文风情和乡村自然环境景观之一。黄河驿站集餐饮住宿、休闲度假、文艺创作、展览展示、户外体验及红枣产品售卖等服务功能于一体，也为自驾游客提供户外营地、烧烤等旅居服务。2021年，曼乔红枣科技园景区被认定为榆林市级田园综合体，并被评为国家3A级旅游景区，成为很多旅行者的目的地。

浓郁的黄土风情、厚重的黄河文化、旖旎的自然风光、丰富的旅游资源，使得这个古村落在保持传统独特神韵的同时，兼具浪漫时尚的气质。村党委、村政府依托当地资源优势和文旅特色，把推动产业、文化、旅游融合发展作为乡村振兴的有效抓手，努力打造集绿色产业、乡村旅游、度假休闲于一体的美丽村落。近年来，西豆峪村通过开发枣乡风情游、峡谷风光游、村落文化游、产业研学游等旅游线路，举办红枣节、枣花摄影艺术节等旅游节庆活动，规划实施凤凰山黄河地质公园提升改造、西峁沟生态景区建设，修复原生态古窑洞、老街区，打造黄河岸边枣林民宿集群、枣林湾小镇旅游村，改建西豆峪红色革命纪念馆等，不断优化升级村容村貌，激活乡村产业业态。金秋十月，木枣丰收，是枣乡西豆峪最美的时节，峻山奇石，泉水清澈，枣林密布，无论是田间地头，还是窑洞民居，到处都能见到枣树的身影。

西豆峪村通过产业先行，实现村民生活富裕和生态环境改善双赢，黄河岸边古村落焕发出了绿色发展新活力。

2.3 "枣心相连"，"文化"架"桥梁"

随着时代发展和现代文明进步，人们对于精神层面的幸福追求越来越高。为了拉近农耕文化与当代人的距离，让更多的爱心力量参与到乡村振兴中，让枣农健康劳作，让红枣产业持续发展，曼乔红枣科技园发起"一棵枣树"新公益活动，将枣树逐一编号，由爱心人士按照每棵树每年365元的费用进行有偿认领，认领人将获赠价值超过365元的红枣公益大礼包，并可在枣树丰收季节免费体验红枣采摘。对于远在他乡的神木人，这种认领方式是他们的乡愁牵挂；对于陌生的游客，这是他们与黄河枣乡精神的连接、文化的牵绊。

乡村文化振兴离不开公共文化服务的支撑。公共文化服务能够保障农民基本文化权益、涵养文明乡风、为村民精神生活富足提供更多选择。位于曼乔红枣科技园游客中心一楼大厅的神木市图书馆曼乔分馆，是神木市图书馆落实总分馆建设规划，与社会力量合作建设的特色分馆之一。曼乔分馆面积约 1000 平方米，环境舒适清雅，通顶的大书架上摆满了崭新的图书期刊，10 余米的落地窗下摆放着多个阅读卡座和休闲咖啡椅，当地村民和游客可以边读书，边喝咖啡，边欣赏窗外的黄河景观。曼乔分馆现有文学、医学、历史类等图书 6000 册，报刊 25 种。馆内配有图书自助借还机，电脑及电子图书借阅机。

翻开曼乔分馆的外借登记册，你会看见一个读者的名字经常出现，他密密麻麻的借阅记录，保存了黄河岸边古村落的乡土记忆，见证着万亩枣林的花开花落和这座乡村分馆的不断成长。他就是与曼乔分馆相距 5 公里千米的万镇镇派出所教导员王鹏，曼乔分馆最忠实的一位读者。只要有时间，王鹏就会来到这里。对于曼乔分馆而言，在长期的借阅往来中，王鹏已经成为曼乔分馆的家人和名片，架起了图书馆和基层群众的桥梁，体现出乡村公共文化服务润物细无声的力量。

3　美丽乡村重塑活力，美好家园绘就蓝图

3.1　红枣产业革新升级，迈向共同富裕新生活

乡村振兴离不开产业多元化发展的支撑。放眼西豆峪村，红枣加工厂、黄河驿站、曼乔咖啡、红枣集散中心等各类涉农产业环环相扣、互联互促，在为村民增收致富搭建平台的同时，也为西豆峪村铺就了蓬勃振兴的发展路。特别是西豆峪村充分挖掘利用当地自然和人文资源，将农村产业发展、城镇一体化和美丽乡村建设结合起来，将枣树农耕与特色产业、传统农业文明与现代文化结合起来，为农村创新创业开辟新天地，为农民就业增收打开新空间，产生了良好的经济效益、社会效益和生态效益。

有了以红枣为核心的"产业链"带动，西豆峪村在乡村振兴的路上就有了扎实的底气。多年来，西豆峪村始终坚持党建引领，立足自身优势，大力推动红枣产业的转型升级，让撂荒的土地上再现枣树勃勃生机，让黄河岸边青山绿水，有机生态环境得以保护绵延。红枣附加值提升了 10—30 倍，带动西豆峪村及周边红枣管护种植 1 万亩，间接解决当地剩余劳动力 200 余人，实现枣农每人每年新增收入 1 万—2 万元。"一棵

枣树"新公益活动实施以来，累计已有认领枣树 2000 余棵，500 亩撂荒枣树重新得到了管护，稳定了农村生产劳动力，提高了农民经营能力和就业技能水平，获得了社会各界人士的一致好评。

3.2　改善农村生态环境，提升"多彩"产业要效益

西豆峪村通过探索生态保护与农村经济融合发展新路径，挖掘绿色生态、红枣产业、民俗文化、乡村旅游的价值，创造效益，在传统的农业生产植入新的时尚元素，古村落成为众多旅行者亲近自然、体验田园风情、享受农耕文化熏陶的打卡胜地。2022 年，曼乔红枣科技园累计游客接待量超过 20000 人，旅游产值达 200 多万元。乡村旅游成为进一步拉动消费、促进区域经济、缩小城乡差距的重要动力，推进了产业更加兴旺、环境更加优美、人民生活更加美好的新农村发展态势，吸引了更多的人才、资本、技术向农村流入，村民生活幸福感和获得感得以明显提升。

3.3　文化浸润村民精神，助力乡村振兴走深走实

乡村振兴不仅要塑形，更要铸魂。"一棵枣树"新公益活动使人与土地和谐发展，促进枣农与游客的良性互动。活动一方面体现了黄河农耕文化的高品质文化价值，增强人们的认识和认同感，另一方面坚定了当地枣农的文化自信，让黄河红枣生生不息，焕发出更加蓬勃的精神力量。乡村公共文化阵地建设和公共文化服务供给的精准化、精细化，对推动乡村文化振兴尤为重要。神木市图书馆曼乔分馆建设促进了文明乡风的形成，增强了乡村文化软实力，从一个侧面反映出乡村文化振兴的力量。

党中央高度重视乡村建设，从党的十六届五中全会提出建设社会主义新农村，到党的十九大提出实施乡村振兴，再到党的二十大进一步强调"建设宜居宜业和美乡村"，一以贯之地体现了党对"三农"问题的重视和对乡村建设规律的深刻把握，具有深远的历史意义和重大现实意义。

乡村要振兴，农民是主体，人才是关键、生态是基础、产业是保障、文化是动力。西豆峪村以"转变发展方式、增加农民收入"为切入点，以"一枣做大、高端发展，一业多做、多元发展"的产业思路，全力打造红枣特色品牌，夯实农业发展基础，为各地实现本土化的农文旅融合提供了一个可供参考的实践范本。广东卫视马志丹工作室曾经连续 7 年、先后十余次进入西豆峪村，记录下黄土高原万亩枣林的春夏秋冬，拍摄出

《人心枣魂》《秦晋黄河大峡谷里的曼乔庄园》《一棵枣树》等一系列纪录片。中央电视台《发现之旅》《远方的家》栏目也曾多次报道西豆峪村美丽家园建设和一颗红枣蜕变的故事。2022 年，神木市被评为陕西省全域旅游示范区，西豆峪村被评为陕西省美丽宜居示范村，并被推荐申报《中国名村志》文化项目。西豆峪村的发展成果得到了更远的传播，产生了更广的影响，收获了更多的认同。

作者简介：强颖，女，本科学历，副研究馆员。现任陕西省图书馆副馆长，陕西省古籍保护中心副主任，担任第四次至第七次公共图书馆评估定级陕西省评估工作组专家。研究方向为公共文化政策、公共图书馆政策、全省公共图书馆事业发展规划等。

小社区大服务

——"五色新元"基层文化治理新实践

方明媚（陕西省图书馆）

1 新社区新图景

滨河新区街道新元社区，是 2017 年神木市适应城镇化发展需要设立的 10 个城镇社区之一。新元社区南北长 6.8 公里千米，东西宽 1 千米公里，街道格局为五横十七纵，占地面积 3.6 平方千米公里，共有 9 个居民小区、6934 户居民。辖区内共有单位 316 家，神木市政务大楼、水务大楼、神木大剧院、神木市青少年宫、神木市医院（滨河新区院区）、神木火车站等都在该社区行政区划范围内。

社区办公面积约 1300 平方米，室外活动场所约 1000 平方米。社区党群服务中心阵地共分为两层，设有社会治安综合治理服务中心、新时代文明实践站、未成年人心理健康辅导站、图书室、道德讲堂、多功能室、市民学校、学雷锋志愿服务站、日间照料中心等 12 个功能科室。新时代文明实践站位于国家 3A 级景区杨业公园，活动场所占地面积 1500 平方米。

社区自成立以来，先后荣获全国防灾减灾示范社区、省级和谐社区示范社区、榆林市先进基层党组织、全市关心下一代工作先进集体、榆林市先进妇女组织、榆林市 119 消防奖先进集体、神木市五四红旗团支部、神木市文明社区等称号。社区被评为"先进基层党组织""五星老干部学习活动阵地"，被榆林市人民政府授予"文明社区"称号，社区被陕西省民政厅评为"省级示范社区"。

2 家门口的文化生活

经典诵读、合唱、歌舞、快闪秀、优秀家风传承……近年来，新元社区党委始终坚持"服务群众、丰富文化内涵"的理念，把文化建设作为文明社区建设的重要方式，以体现公益性、便捷性、服务性为原则，针对辖区居民群众的各类文化需求，拓展文化阵地、提供内容丰富、形式多样、健康有益的活动，不断满足辖区居民群众的精神文化需求，提升居民的幸福感。

2.1 创新载体丰富内容，全民阅读有"声"有"色"

2.1.1 社区书屋书香浓

新元社区以前的图书室很不起眼，很少有居民借阅图书，居民经常抱怨文化生活枯燥单调，找不到休闲娱乐和看书学习的地方。社区在建造过程中，为了让居民感受到书香之气，与神木市图书馆联合共建打造了社区"城市书屋"，成为神木市图书馆分馆，截至 2023 年藏书 2000 余册，以绘本、青少年读物、历史名著为主，在神木市图书馆的支持下实现书籍更新流动。图书室周一到周日免费为居民开放，为社区居民阅读提供了便利。退休职工和党员成了阅览室的常客，很多读者把这里当成家，积极为图书室做一些力所能及的事情。在工作人员和读书爱好者共同努力下，一个图书室，让滨河街道飘散书香。

2.1.2 阅读活动丰富多彩

图书充分发挥其作用的关键在流通。为了满足居民的多元化文化需求，使"书尽其用"，图书室利用多种形式定期宣传、推荐优秀读物，编制导读书目，向居民宣传图书馆知识，介绍工具书使用方法、图书的选择和读书方法以及读书卫生等方面的知识，推动居民了解书籍、热爱书籍。同时，社区图书室想办法通过各种方式与居民互动，结合当前形势举办丰富多彩的读书活动吸引大家去阅读，如开展"社区读书日""红色读书会""书香绘爱新元，悦读汇聚文明"读书月系列活动等。

图书室还与儿童之家有机地融合在一起，有针对性地组织孩子们开展丰富多彩的活动，如举办"童诵经典 传承文化"亲子阅读活动、成语接龙竞赛等，邀请神木市图书馆老师联合开展"阅百年·传精神·伴成长"亲子共读红色经典活动，联合神木市妇女联合会开展情智沙游培训课堂，有趣好玩的沙盘课为孩子们打开新世界，了解新知识，实现了在学中玩、在玩中学的学习新模式。"学后课堂"为儿童提供免费代接托管服务，并在爱国主义教育、生活常识、亲子交流等方面有效衔接了学校教育和家庭教育。图书室自开放以来每周开展一次亲子课堂，每月一次绘本共读，截至 2023 年 5 月已开展 50 余场活动，服务 1000 余人次。

2.1.3　有声书墙让阅读更有趣

为推进全民阅读，新元社区党群服务驿站设置了党建"有声书墙"，以"有声阅读"突破传统图书馆时空限制，从党建教育到经典阅读到历史小品，经典书籍分类呈现。听书墙资源主要涵盖三部分：第一部分为党政学习，包括党章党史、主席讲话语录、马克思主义等内容；第二部分为政务建设，包括党的建设、政务必修等内容；第三部分为文化生活，包括健康养生、民俗文化、文学经典、军事历史等内容。其中红色文献听书墙每类书单内含 5 种图书音频资源，且后台不定期持续更新。居民用手机扫一扫，就可以"边走边听"，感受从"眼睛阅读"到"耳朵阅读"的全新体验。与传统图书馆一人一书不同，"有声图书馆"可将自己喜欢的内容与朋友分享，多人可同时收听一本书，提高了资源利用率，利用业余生活休闲时间让更多市民享受读书乐趣。听书墙作为新元社区推出的一种全新的阅读方式，通过音频的形式弘扬红色旋律、传承传统文化，让读者体验便捷化、创新型的有声阅读服务形式，感受图书馆特有的人文温度。

2.2　多阵地拓展推进，艺术普及惠民生

2.2.1　市民学校

新元社区联合神木市老年大学设立市民学校，为辖区 45 岁以上的居民常态化开展艺术普及课程，包括剪纸、书法、国学、汉语识字、智能设备培训、瑜伽等，以此丰

图 1　2023 年 11 月，新元社区日间照料中心的就餐老人们向义工赠送锦旗

富辖区居民文化生活，培养居民业余兴趣爱好，更好地弘扬传统文化。在一些特殊日子，市民学校还开展专题讲座等活动，比如在"3·15"消费者权益日开展消防安全知识讲座，清明节组织开展"缅怀革命先烈传承红色基因"清明祭扫活动等。市民学校为居民提供了一个学习、交友的平台，引导他们寻找到自己的特长、爱好，让居民群众的社区生活质量更高，实现老年居民"文化养老""老有所学"的愿望。

图 2　新元社区新时代文明实践站"巧手剪纸进社区　非遗文化润心灵"剪纸主题活动

2.2.2　邻里生活馆

邻里生活馆位于社区党群服务中心二楼，是一个书画、棋牌馆。鉴于老年居民众多，"邻里生活馆"配备了一些棋牌桌椅，满足了老年群众日间休闲、书法练习、棋牌娱乐等需求。在市民学校里学习书法课程后，居民们可以到邻里生活馆去练习，相互交流学习心得，学习之余也能够在这里下下棋、打打牌、聊聊天。社区也会在这里组织开展文娱活动，鼓励和吸引社区居民广泛参与，消除邻里之间的陌生感，拉近彼此距离，从而逐步形成文明、融洽的新型邻里关系。

2.2.3　新时代文明实践点

杨业公园新时代文明实践站，也是社区新打造的党群服务驿站。这里为居民提供了集"棋牌文化""露天影院""全民合唱"等集休闲娱乐于一体的文明舒适的娱乐环境。社区安排专人做好棋牌广场日常管理工作，每天会有多位老年人在这里下象棋，双方横马跳卒，车攻炮轰，你来我往，难解难分。社区棋牌广场的组建，不仅丰富了老年人的精神文化生活，而且为建立文明社区、和谐社区起到了积极推动作用。社区居民还组建了多种业余生活团队，如"神华新村秧歌队""杨业公园舞蹈队""和谐广场夕阳红秧歌队锻炼队""老年合唱团"等。社区联合神木市老年合唱团组织辖区居民每周六在党群服务驿站举行全民合唱，通过歌声和各种形式的交流，居民在欢乐的氛围中受到熏陶，凝聚起团结奋进的力量。

2.3　讲评帮乐行，树立社区新风正气

2.3.1　全面深入宣讲

社区在各居民小区、公园投放"智慧云广播""智能宣传屏"终端，开设"空中课堂"，精选播放党史故事、政策宣传、好人好事等内容，让居民群众在家门口就能接受教育。利用 LED 电子屏幕每日播放社会宣传标语，快速形成全范围、多层次、广覆盖的宣传态势。同时采用集中辅导报告、讲座或访问、恳谈、拉家常的形式，多元化宣讲理论政策，营造社区文明氛围。

2.3.2　群众互动评议

社区利用"星级文明户"评选、善行义举四德榜等形式，组织群众对社会事和身边事的思想道德现象开展评议。大家在遵纪守法、文明礼貌、崇尚科学、勤俭持家、家庭和睦、环境卫生等方面畅所欲言，晒幸福、比孝道，晒文化、比内涵，评议身边好人好事，让群众真正成为"阅卷人"，赋予群众"打分权"，直接参与评判，有效发挥群众监督作用，倒逼相关不文明行为加快改正。

2.3.3　真情关爱帮扶

社区党群服务中心设有矛盾调解室、关爱之家、家庭教育服务站、法律援助、心理咨询站等，定期组织党员干部、志愿者入户走访，为居民提供心理疏导、公益帮扶、结对关爱。开展"关爱夕阳红　情暖老人心"活动，为老年人普及养生保健知识；依托智慧化服务平台，通过智能手环定位，为老年人检测身体健康状况，提供"云端守护"。社区便民服务中心还安装了天然气自助购气终端机，设立了供热缴费窗口、志愿服务驿站，配备了饮水机、打复印一体机、微波炉、轮椅、工具箱、爱心座椅等便民设施，为过往的群众及环卫工人提供了夏有清凉、冬有温暖的爱心环境。关爱帮扶活动每月还会设立 1 个主题，比如 1 月份开展"党建共建，情满新春"慰问活动，6 月开展"六一儿童节　关爱留守儿童"活动。社区的真情关爱帮扶提高了居民生活幸福指

数，不断增强群众幸福感、获得感。

2.3.4　多彩文化乐民

社区结合群众需求，开展形式多样、群众广泛参与的文化活动，活跃繁荣基层文化生活。为引导社区文明风尚，社区积极探索实施"文明实践护照"积分管理制度，以积分引导文明，以文明浸润民风。社区建有爱心银行积分细则，比如在群团文化活动组织中提供义务服务的，一次可积 3 分，将文明实践内容量化为分值，所得积分可在"爱心超市"进行实物兑换，如可兑换家居百货、文体用品、厨房用品、果蔬食品、电子电器、购物服务等物品，用"小积分"撬动"大文明"。

2.3.5　庆典仪式行动

社区会有计划地举行节日庆典活动，提高居民文化意识，培育文明礼仪，传承中华优秀传统文化。围绕重要节日举行活动，比如"庆七一""欢度六一'童'绘彩色"等活动。社区还在杨业公园举办"我们的节日""喜迎二十大　唱响新元梦"等演出活动，让党的二十大精神热在基层、热在百姓。这些活动和演出不但满足了广大群众的精神文化需求，也为社区新时代文明实践注入了新的活力。

3　从"经济高原"到"文化高地"

新元社区始终以提高社区居民生活质量和综合素质为宗旨，不断推进和深化社区精神文明建设，遵守精神文明建设工作机制，持续打造积极健康、昂扬向上的社区群众精神风貌。新元社区通过坚持党建引领，进行精细化社区治理，提供暖心志愿服务，把公共文化送到群众家门口，让群众乐享文化生活。

3.1　党建引领聚合力

新元社区坚持加强社区党组织的全面统领，社区党支部在不断规范社区党组织生活的基础上，持续深化共建共治共享工作。建立了党建联席会议制度，把辖区单位及各类社会组织纳入社区"大党委"参与社区建设，并在小区各栋楼建立党小组，形成社区"大党委"、小区党支部、栋楼党小组的"三位一体"党建格局，充分发挥各级党组织和党员的先锋模范带动作用。社区开设不打烊的"党建超市"，把群众的微心愿、社区摸底形成的好项目、群众的好意见建议列入"超市"，对接双报到单位结合实际进行认领，以居民点单、支部下单、党员接单，最后公示接单成效的形式，有效实现小区党支部、业委会、物业公司合署办公，"三方共商"的"红色治理"新模式。社区还设立"问题墙""回音壁"，定期公开公示办理结果，邀请辖区党员代表、人大代表等进社区座谈，听取他们对社区工作的意见建议，架起党群连心、政民互动的桥梁，形成党建引领惠民生，政务公开聚民心的良好效应。

通过党建引领，新元社区把新时代文明实践与基层社会治理相结合，社区整合各类党群服务、公共服务和市场服务资源，在社区党组织领导下组成服务团队，精准服务群众，抓住居民普遍关心的实际问题，把好事办实，把实事办好，优化社区服务，改善居民生活环境，提高居民生活质量。在党建聚合力的引领下，公共文化服务向着更加均等化、品质化的方向发展。

3.2　"小网格"发挥大作用

网格是最小的治理单元，也是上传下达、联系群众的"神经末梢"。经过几年探索，新元社区建成了以社区党支部为核心，以综治中心为平台，围绕居民议事、社区警务、网格工作站、辖区单位四个关键部位进行科学设置的网格化管理体系。社区截至 2023 年 5 月有网格 41 个，每个网格设置专职网格员，扎实开展法治宣传、志愿者服务、精神文明建设、矛盾纠纷调处等多元化活动，社区"小网格"撬动了基层大治理。

社区利用社区综治中心及智慧神木 App 扩展"线上线下"为民服务模式。线下通过网格员日常巡查走访统一收集居民需求，线上居民按需"点单"，社区网格员"接单"，将贴心服务送到居民身边。通过社区综治中心平台及智慧神木 App 平台，新元社区精准掌握了各个小区基本信息、人口组成，实现了居民信息采集，居民文化生活精准对接；根据人口信息，为辖区内空巢老人、孤寡老人、残疾人提供生活照顾、健康维护、文化产品供给等服务。

社区还从网格队伍建设、网格职责压实、问题交流处置等多方面着手，切实发挥网格员作为社区网格化服务管理的"眼睛""抓手"和"触角"的作用，把为群众排忧解难落实到网格，把矛盾纠纷排查化解落实到网格，形成网格化管理服务工作"一张网"新局面。

3.3　志愿服务暖人心

"五色新元"是新元社区探索打造的基层治理品牌，确保上级党委决策部署在基层落地生根，形成党组织统筹引领、社会力量多元支撑、居民群众广泛参与的基层治理新格局。结合五色服务，社区打造了"新元五彩志愿服务"品牌，将社区志愿服务与社区治理现代化相融合，实现便民服务全覆盖。包括红色志愿服务、金色志愿服务、橙色志愿服务、蓝色志愿服务和绿色志愿服务。

红色志愿服务以社区基层党组织为核心，组建由支部党员、居民党员和双报到单位党员组成的志愿服务队，重点打造新时代文明实践站，提升公共文化服务质量水平，实现社区服务零距离；金色志愿服务聚焦民生，重点关注社区"一老一小"，全力做好暖心关爱、文化服务、社区教育和集体活动；橙色志愿服务以丰富群众多样化需求为落脚点，积极组织乡土文化人才、文艺志愿者、退休工作者等人员加入志愿服务队，开展富有成效的志愿服务活动；蓝色志愿服务基于社区智慧平台，联合辖区派出所组建"滨河义警"队伍，以滨河派出所牵头，群众参与，社会协同，自愿无偿的形式，动员保安、企事业职工、退役军人、在校师生和热心群众参与社区治安服务，形成警民联动、共同参与社会治安维护的新格局；绿色志愿服务助力创建全国文明城市，培育健康文明、绿色环保的生活方式。

"新元五彩志愿服务"旨在发挥社区、社会党组织、社区志愿者和社会公益慈善资源的联动作用，积极打造"家门口"的"暖心驿站"，开展多种志愿服务活动，践行新时代文明，丰富居民的文化生活，弘扬中国传统文化，如春节的"巧手剪窗花　欢乐迎新年"活动、妇女节的"运动燃激情　巾帼展风采"趣味运动会等。"双报到"单位党员充分发挥各自特长，为来社区书屋的孩子们讲述绘本，陪伴孩子做手工，丰富少年儿童的课后生活。"五彩志愿服务队"截至2023年已有注册会员1700余人，开展志愿服务项目20多个，年均服务时长达1570小时，创造了全民参与社会治理的共建共享模式，用行动践行雷锋精神，成为社区和居民之间的"连心桥"，实现便民服务全覆盖，为构建文明和谐社区奠定扎实基础，在服务中传递爱心、传播社会正能量。

作者简介：方明媚，女，研究生学历，助理馆员。现就职于陕西省图书馆。研究方向为图书馆资源建设与服务。发表学术论文3篇；参与省部级以上课题2项。

从产业富民到文化富"心"

——四卜树村的致"富"之路

辛　娜（陕西省图书馆）

四卜树村位于神木市西沟街道西北部，距离神木市区约 20 公里，榆神高速、337 国道、神锦大道穿村而过。全村面积 42 平方公里，辖区内有 6 个村民小组共 1109 人，其中党员 44 人，因村中有四棵古树而得四卜树（神木方言）村名。传说很久以前，村内有四棵高大的古树，枝繁叶茂、杆粗根深、绿荫如盖，需十余人方可合抱，祖先们就把这个水草丰美的村子命名为四卜树村。村内有新石器时代遗址一处，表明早在 4000 年前就有先民在这块土地上开疆拓土、繁衍生息。

曾经的四卜树村是当地出了名的贫困村，村民们生活在"五沟八叉"的沙梁间，住的是土窑洞，烧的是土柴火，村内地势崎岖、土地沙化严重，道路更是坑洼不平。2014 年，在新一届村委会的领导下，村庄逐步摆脱贫困，走上了日益发展的富裕之路。在多种产业带动下，四卜树村以"美丽乡村·文明家园"建设为载体，在产业带富的基础上，相继建设了文化活动广场、红白理事大厅、广播室、图书室、幼儿园、老年活动中心、老年人日间照料中心等功能室，建设县图书馆、文化馆基层服务点和宣传橱窗、数字文化墙、村史馆，村内自发组织秧歌队、锣鼓队、广场舞队等业余文艺团队，丰富村民的文化生活。从贫穷到富裕，从落后到领先，从粗粝到文明，四卜树人走出了一条鲜活的乡村致"富"路。

1　产业富民，夯实乡村振兴经济基础

1.1　以煤为"媒"，大力发展产业

四卜树村境内有三座煤矿井田，煤矿是四卜树村的资源优势。村党支部客观审视村级自身资源优势和发展短板，将煤矿场地租赁费、村域塌陷补偿款等集体收入由村集体统一管理，作为修建移民新村的启动经费，实现了村组的统一搬迁。在彻底改善村庄的人居环境后，四卜树村以煤为"媒"大力发展煤炭运输业。在四卜树村党支部

的牵头下，2022 年，村集体性质的车辆运营公司成立，公司制定了统一的车辆入户、运输、管理制度，以全村村民数为基底，25 人合购一辆车并加入公司并进行排号，村集体按照顺序安排车辆进行拉运并按比例抽取一定费用。据统计，集体运输公司 2022 年当年创收 350 万余元，解决了 50 多名村民的就业问题。

1.2 成立经济联合社，村民变股民

2017 年，四卜树村启动集体产权制度改革工作，2018 年正式成立四卜树村经济联合社。四卜树村经济联合社以集体土地作为生产要素入股，以全体村民为股东的经济联合社作为参股方，同神木市环保产业集团旗下公司合作，流转两万亩荒沙地，由环保产业集团对荒沙地进行改造，共建种养结合、康养等项目。四卜树村占股 49%，前期建设期由环保产业集团全额投资建设，建成后，经济联合社每年保底分红为 100 万元，超出收益按照 42% 分红。经济联合社的成立，让全体村民都变成了股民，联合社的入股，也让全体村民有了保底收入。

1.3 招商引资，"引凤而栖"

四卜树村发动村民大力推进土地流转，将大量荒沙地收归集体，从而盘活了土地资源，截至 2023 年共集中流转土地 26 平方公里，盘活 3.5 万亩闲置资源。村党支部加大招商引资力度，引进了西北最大的天兆种猪场、万头澳牛牧业、万只湖羊基地、万亩种植基地、万吨冷链保鲜库、万亩远航光伏等 12 家投资规模大、科技含量高、基础设施完善的涉农企业，年产值达 2.3 亿元。其中澳牛牧业与西北农林科技大学达成合作，提供实践教学基地和实验数据，共同解决规模化养殖难题。

2 治理塑形，推动乡村治理现代化

2.1 规划先行，乡村旧貌换新颜

四卜树村抓住国家"美丽乡村"建设的政策机遇，制定了《四卜树村美丽乡村规划》，焕新了乡村风貌。主要做法有：

精心规划，完善基础设施。在全体村民的大力支持下，2014 年 9 月 22 日，四卜树新村建设在新址正式开工。经过一年半的紧张施工，修建了装饰一新、风格一致、集中供暖、统一用气的新农村。全村 320 户 1056 人，共建设别墅 138 套，住宅 144 套，

商铺 38 套。配套建设了村集体活动室、锅炉房、卫生室、警务室、超市等基础设施；修建了集电子显示屏、彩色音乐喷泉、篮球场、各种运动器材、休憩走廊、绿地、凉亭于一体的村中心文化活动广场。村内设置了便民服务站、幼儿园、老年活动中心、广播室、农家书屋等。2020 年，全村实现了集中免费供暖、供电、供水，全面完成了基础设施的城市化改造。

　　加强综合整治，美化生活环境。四卜树村把环境卫生整治与农村基础建设相结合，把道路建设与清理私搭乱建、私堆乱放、垃圾清理相结合，科学规划垃圾倾倒点，实行垃圾统一收集管理。村集体为家家户户配备了垃圾桶、垃圾箱，建立了环境卫生管理长效机制，做到专人管理、专人清扫、定时保洁。同时，加强对村民的健康卫生知识教育，引导大家养成健康文明的生活习惯。村里新建了沼气池，实现农牧企业废弃物二次利用。新建了污水处理厂，将村周边所有的污水集中并进行处理使用。

　　庭院整治，让家家户户美起来。新农村建设起来后，为推进人居环境整治，打造美丽宜居乡村，四卜树村以"增绿、护绿、管绿、用绿、活绿"为目标，统一规划了村内绿化带，对村庄主要道路、公共场所、河道沟渠、坑塘等区域进行全面绿化，对房前屋后、庭院及四周开展美化、亮化、绿化、硬化等"四化"工程，家家有抽水马桶，做到垃圾及时处理、污水合理排放。

图 1　四卜树村全貌

2.2 知古察今，规划建设村史馆

为了完整记录四卜树村的历史变迁，记住乡愁、珍惜现在、开创美好未来，四卜树村于2022年6月投资150万元建设了村史馆。村史馆面积280平方米，于2023年3月对外开放。展馆内容共有"前言""寻根问祖古遗址""溯本求源四卜树""饮水思源香水泉""峥嵘岁月忆往昔""党建引领促发展""乡贤能人树榜样""乡村振兴共富裕""科学规划畅未来""结束语"10个部分，用文字、图片和数字化技术等方式展示了四卜树村的乡村记忆和独特的人文风貌，记录了四卜树村重要的历史事件、著名人物和乡村振兴发展的足迹，让四卜树人不仅记住了村庄的历史，见证了村民砥砺前行、艰苦奋斗的历程，更感受到社会的进步发展，感恩新时代，激发大家热爱家乡、建设家乡的热情。

3 文化铸魂，既"富口袋"也"富脑袋"

建设美丽乡村，产业是根基，文化是灵魂。四卜树村聚焦乡村文明建设，以优秀的传统文化为底蕴，开展丰富多彩的文化活动，积极引导村民在"富口袋"的同时"富脑袋"。

3.1 整合多方资源，丰富群众文化活动

四卜树村整合文化广场、文体活动中心、老年活动中心、党员活动室、办事服务大厅、LED显示屏和宣传栏等资源，根据群众需求每年添置图书、电子琴、象棋、羽毛球等文娱器材，为群众开展活动提供场地和便利条件。四卜树村文艺爱好者成立了一支秧歌队、一支广场舞队、一支锣鼓队，利用农闲时间，自编自演民间小调、小品、歌曲、广场舞等文化节目。通过"我们的节日"主题活动开展家风家训征集、写春联送春联、扭秧歌、文艺晚会、说书表演、捏面花大赛等文化活动。

3.2 培育先进典型，引导村民向上向善

四卜树村建立了道德模范和身边好人评选表彰机制，每季度组织一次"一个好人"道德讲堂宣讲活动，通过"身边人讲身边事，身边人讲自己事，身边事教身边人"的形式，群众从中自我教育、自我提升。每年组织开展1—2次新民风建设表彰大会，评

选表彰"十星级文明户""好公婆、好媳妇、好儿女""最美家庭""道德模范""致富能手""新乡贤"等先进典型，营造风清气正、家庭和睦、尊老爱幼、遵纪守法的文明乡风。

3.3　打造志愿团队，弘扬互帮互助精神

四卜树村志愿服务队成立于 2017 年，成立以来先后开展了多项志愿服务活动，如清扫村级公共区域卫生死角；在每年的植树节开展义务植树，美化家园护绿活动；开展慰问孤寡老人活动，并结对帮扶村里孤寡老人，经常帮助他们打扫卫生、理发、送医、喂药、照顾日常起居等；开展关爱留守儿童活动，持续开展"大手牵小手　关爱共成长""守护未来　共庆六一"等志愿活动。

3.4　持续移风易俗，倡导文明新风尚

四卜树村以社会主义核心价值观为指导，成立了红白理事会、村民议事会、道德评议会、禁赌禁毒会 4 个村民自治组织及其领导小组，持续推进移风易俗"五提倡五反对"活动，引导村民弘扬正气，崇尚科学，让社会主义核心价值观深入人心，移风易俗常态化。例如，只要户籍是四卜树的村民，只需预交 500 元押金作为实物损坏赔偿和环境卫生抵押费，就能在红白理事厅按照合理标准办理红白事宴请，办事仅收取天然气费用，引导村民厚养薄葬、勤俭节约、孝老爱亲。如今，很多准备在城里举办的宴会都回到了村里的红白理事会大厅，用餐标准从一两千元降到了五六百元，减少了群众的人情负担，树立了良好的村风民风。

修订完善村规民约，推进村民自治。村规民约是村民进行自我管理、自我教育、自我约束的行为规范。四卜树村结合村情实际和村规民约的实施效果，广泛征求群众意见、召开村民议事会和村民大会等流程修订完善村规民约。同时，加强监督执行，并组织全体村民或户代表签订村规民约承诺书，集体宣誓《文明公约》，设立"红黑榜"，对违反村规民约的人和事进行通报批评，确保村规民约的条款落到实处，成为强化村民自治、新民风建设及推动农村精神文明建设的有力保证。

强化人文环境，倡导文明新风。四人树村通过手绘文化墙、设置宣传栏、张贴宣传牌、电子屏滚动播放、广播宣传等方式，大力倡导文明礼仪、孝老爱亲、邻里互助、崇德向善等文明新风。先后在村级道路、村委会广场周围、主干道围墙等处设置宣传牌 6 块，宣传栏 26 个，手绘文化墙 2500 平方米，让社会主义核心价值观随处可见，孝

道文化故事时刻激励四卜树人向上、向善、向孝。

4 旅游赋能，打造乡村文旅新业态

4.1 依托传统故事，创建香水湖景区

四卜树村历史悠久，流传着香水泉的故事。传说在四卜树村西南的秃扫沟，有一个冒花泉，也叫作香水泉，泉水从地下冒出，泉眼直径约有好几米，泉水夹着泥沙，时而喷涌、时而下落，喷涌时泉水达数米之高。据说在红碱淖边曾有骑兵牵马喝水，马掉落在湖中，再没有找到，数日后，在四卜树的香水泉中喷出一副马鞍，经马主人辨认，正是在红碱淖落水战马佩戴的马鞍。因此，香水泉被认为是红碱淖的地下出水口。用香水泉水和当地黑豆制作的豆腐为神木、榆林等地的美食。据说，1697 年，康熙年间清军平定噶尔丹叛乱，凯旋时驻跸神木四卜树刘官窑。当地村民敬献泉水豆腐、面点，康熙帝亲尝后，赞不绝口。2015 年，新一届村班子为了造福于民，推动乡村旅游发展，决定在此开展蓄水工程，引水浇田，用了 180 多方石料，将泉眼填堵，人工造出现在的香水湖景区。

4.2 整合特色资源，丰富乡村旅游业态

四卜树村依托"红碱淖—二郎山—高家堡古城—石峁遗址—黄河驿站"等全域旅游景观带，把乡村文化、现代农业发展与乡村旅游有机结合，打造市民周末半小时旅游观光目的地，做大做强乡村旅游。结合"五美庭院"创建，四卜树不断完善村内基础和公共服务设施，建设了物流基地和四卜树村公园、香水湖等旅游景点，发展了特色果蔬大棚，完善了农产品采摘一条线服务。围绕"一湖两轴四园八圃"的新发展格局，以现代农业产业为依托，建成易经八卦文化观景园，并着力建设农耕亲子体验中心、青少年科普教育基地和植物资源圃、婚纱摄影基地、牡丹园等旅游景观。2022 年，四卜树村新建了游客服务中心，启动了国家 3A 级景区创建工作，通过多产融合，把一村一品、一村一景与乡村旅游文化结合起来，一个集"特色农业、观光采摘、休闲体验、科普教育、康养度假"为一体的"美丽四卜树 城市后花园"正逐步完成她的华丽蜕变。

图 2　四卜树村八卦易经谷

5　经验启示

5.1　党建引领致富路

"农村富不富，关键看支部；村子强不强，要看'领头羊'。"四卜树村党支部以提升支部组织力为重点，突出示范引领，强化基层党组织的引领力、凝聚力、统筹力、战斗力，严把选人标准，优化班子结构，选出了一批群众信任、能力卓越、担当作为的村干部。为了强村富民，四卜树村党支部积极探索"一核三融三促四创"工作模式，有效发挥基层党组织战斗堡垒作用。一核即以支部为核心，三融即组织融合、村企融合、"四支力量"融合，三促即盘活资产促产业发展、投资入股促多元发展、自主建设经营促群众增收，四创即围绕创建"生态、文明、和谐、富裕"四卜树的发展定位，不断提高群众文化生活品质，努力实现可持续发展。

2011 年新的村委班子换届，选出了群众满意、党员放心的村党支部书记和村民委员会主任，他们在西沟办事处的大力支持下，解决了陈积多年的与四道沟、上中咀峁、沙哈拉等六个村组的土地纠纷。2014 年，村两委克服重重困难，投资 8290 万元建设四卜树移民新村，全村 320 户搬迁入住。2019 年，支部书记和村里党员分别创办的神木市胜帮化工有限公司和鑫义化工有限公司，解决了四卜树百余人的就业难题，带领全村走上了"先富带后富""共同富裕"的发展道路。

5.2　产业兴旺民心齐

强大的产业经济支撑着四卜树村公共文化设施建设与服务产品供给。2021 年，村集体经济收入达 700 万元，人均纯收入达 2.92 万元。村里不仅建起了幼儿园、办起了图书室，还开设了"老年人关爱中心"，解决了外出打工人的后顾之忧。老人们不仅可以在中心打牌、下棋，还可以在"幸福老年灶"用 5 元解决一日三餐，低保、特困供养等困难户则无须花一分钱，免费享用一日三餐。丰富多彩的文化活动也改变了群众农闲时间打麻将的坏风气。

5.3　乡贤能人树榜样

榜样的力量是无穷的，榜样是奋斗的前行者，是社会正能量的引领者。多年来，四卜树村涌现出各行各业的乡贤能人、模范标兵：本村第一个抗美援朝英雄并担任第一任党支部书记的刘庄庄，优秀共产党员、敬业奉献的老支书李飞飞，致富带头人、市级劳模、市党代表、现任党支部书记杜卡田，助人为乐的共产党员杜春乐，"五好"家庭王光耀，孝老爱亲道德模范杜在田，第一个大学生高银才，第一个研究生王瑞，第一个博士生杜淑媛，第一个返乡创业的网红大学生"草莓疯子"郭文清……

其中，36 岁的郭文清是四卜树村的种植大户，返乡创业以前，他在内蒙古呼和浩特的一家政府单位上班。偶然的机会，他回到四卜树村，发现村里有好多空置的大棚。"我当时学习的就是农业，为啥不能回到家乡，发展一下呢？"带着这样的心情，郭文清便从单位离职，回到四卜树村开始尝试种植大棚。当时正好当地政策比较支持大学生返乡创业，他便开始了自己的种植大棚之路。在边摸索边学习中，他从一开始发展到现在共种植了 20 多个大棚，从最早的种植草莓，到后来种植火龙果、葡萄、香菇、银耳、蘑菇等。郭文清说："下一步我将紧跟政策走，把观光、采摘等做好，服务好来四卜树村的村民。"

如今走进四卜树村，一幢幢别墅错落有致，一条条道路宽敞笔直，道路两旁绿树成荫，文化广场设施齐全。村民住的是 300 平方米的三层小洋楼，家具家电应有尽有，天然气、光纤、村集体供暖等设施全覆盖，房前屋后干净整洁，种满了各种新鲜的蔬菜和水果，文化广场上健身器材等设施一应俱全，村民们茶余饭后在广场上下棋打球，享受着新型农村社区服务带来的美好生活。四卜树村先后荣获国家级"美丽宜居村庄示范村""陕西省级卫生村""全国民主法治示范村""陕西省先进基层党组织""榆林市乡村振兴标杆村""榆林市五星级村党支部""神木市先进基层党支部"等荣誉称号。2020 年 12 月 3 日，中央电视台农业农村频道《我的美丽乡村》栏目，播出了专题报道《移民新家园的四卜树人》，展示了四卜树人的新生活、新风貌。

作者简介：辛娜，女，大学本科学历，副研究馆员。现就职于陕西省图书馆。研究方向为图书馆学术研究与管理。发表学术论文 13 篇；参与学术研究项目 5 项。

自然与人文并重，文化与旅游同行

——菜园沟村打造最美乡村新空间

丁洪玲（陕西省图书馆）

乡村振兴，需先从乡村修复开始，而要修复乡村就先得做出点儿示范来。若能把产业、人才、文化、生态、组织和教育、养老等问题解决好，乡村自然就振兴了。这是菜园沟村乡贤黄乐海的朴素理想。

神木市沙峁镇菜园沟村，地处神木市南部丘陵沟壑区，距黄河仅有 7 公里，占地面积 13629 亩，居住有 400 多户村民，历史悠久，文化底蕴深厚，历史上因米蔬贸易活跃而得名。黄乐海就是土生土长的菜园沟人，20 多年前，他还是这里的一名小油漆匠，经过多年闯荡打拼，如今已经是拥有三家公司的知名企业家。他带着浓浓的乡愁与回报家乡的深情，利用积淀深厚的文化资源和独特的自然资源，大力发展乡村文化旅游，美化村庄环境，传承红色文化，打造公共活动娱乐空间，完善村级养老服务，把废弃的菜园沟小学建成沿黄乡村民俗博物馆，使菜园沟村成为沿黄观光线上一处独具特色的 3A 级旅游景区。

图 1　菜园沟村全景图

1　红色引领发展，革命精神代代相传

1.1　"菜园沟惨案"抒写红色历史

菜园沟早在 1934 年就建立了革命政权，是神府革命根据地的重要组成部分。1934 年 8 月上旬，地方赤卫队截获了国民党军派兵押运到神木县城布匹等物资，遭到了国民党的"围剿"报复，敌人将村民集中起来逼问货物下落和红军干部去向，但村民们守口如瓶，视死如归。敌人恼羞成怒，先后杀害了 18 名群众，史称"菜园沟惨案"。

如今，菜园沟村的纪念石碑上还镌刻着这些英烈的名字，来到菜园沟村的研学学生和游客，都会听到这可歌可泣的革命故事。传承这份"红色基因"、践行初心使命，成为菜园沟村文旅发展的"红色引擎"，教育了一批又一批学生和游客。

1.2　英雄辈出谱写革命史诗

菜园沟这片神府革命根据地，养育出了一大批英雄人物和革命志士。

尚子正，曾任神府特委十一区特务队队长。1932 年受王兆相、张秀山等人传播的共产主义思想的影响，在革命斗争最艰苦时期秘密加入中国共产党。1933—1934 年参加神府红军开展革命斗争。由于他思想觉悟高、胆子大，1935 年受党的委派深入白区，从事地下革命活动，发展地下党员，宣传革命思想。1936 年，由于叛徒出卖，国民党反动派派一个连的兵力，将他和战友包围在永兴小寨村一个小院内，经过激烈战斗，因寡不敌众，尚子正腿部严重负伤被捕。被捕后，面敌人的威逼利诱，他宁死不屈，最终被敌人残忍杀害，并取首级悬于神木城门示众，牺牲时年仅 25 岁。

刘壮民，菜园沟土生土长的农民子弟，先后担任过神木县王桑塔区乡长、区助理员，中共神木县委办公室副主任、主任，农工部部长，中共神木县委副书记，榆林地区革命委员会办事组副组长、党组副书记等职位。1973 年 9 月，他来到百废待兴的佳县担任县委书记兼革委会主任。在佳县的近十年时间里，他经历了"农业学大寨"和"家庭联产承包责任制"两个不同的时代，谱写了他人生中辉煌而难忘的篇章。1981 年 12 月，刘壮民同志调离佳县，先后担任中共榆林地委委员、行署常务副专员，中共榆林地委副书记、行署专员，陕西省人大常委会榆林地区工作委员会主任等职位，为榆林改革开放和现代化建设作出了重大贡献。

还有老革命家刘志前、杨怀忠、杨怀孝、郭长命、黄清祥等，他们都是菜园沟的英雄儿女，为革命事业奉献了一生，令人肃然起敬。

1.3 国防教育牢记光辉历史

菜园沟如今依旧可见历史遗址的痕迹，比如58016部队旧址。

1967年，国防线路架设到神木县境内，从县城起经盘塘过黄河到山西，该线路由中国人民解放军58016部队管辖。部队的主要职责是管理维护国防通信基地设施设备，保障国防通信畅通，维护国防安全。当时团部设在山西省定襄县，营部设在山西省忻县，连部设在山西省兴县城二十里铺。陕西神木县境内设有五个哨所，分别在呼家圪台、紫柏沟、大路湾、阴寨行、菜园沟。1968年，菜园沟哨所建成，1970年，部队派进驻所官兵四人，一名老兵为班长，另带三名新兵。后来变成三人，最后变为两人。1984年，部队在哨所所在村各选一名维护员，经培训后于1985年3月交付给维护员管理维护，职责同部队一样。1992年部队撤离，将国防线路交到地方电信局管理，菜园沟哨所完成了它保家卫国的历史使命，又开始了它开展国防教育的光荣使命。

2 废弃空间修复利用，建设民俗博物馆

在漫漫历史长河中，华夏民族的祖先创造出灿烂辉煌的农耕文化，积累了中华民族的宝贵财富。随着现代文明的飞速发展，传统农业的生产方式、生产工具和农民的生活方式等，已经发生了革命性变革。站在这个时代转换和文明嬗变的历史节点上，菜园沟村将保护挖掘、研究传承中华民族传统农耕文化作为自己的重要责任，让传统农耕文明所蕴含的民族精神和民族智慧代代相传。

菜园沟村的沿黄乡村民俗博物馆，原本是一所废弃的窑洞小学。2017年，由民间艺术家王耀锦与沿黄乡村民俗博物馆馆长黄乐海亲自设计，总面积为2520平方米的窑洞结构的开放式博物馆建成投用。为此，黄乐海用十多年的时间，走访各地乡村，收集、购买了数千件农耕器具和老物件，集中展示在博物馆供游客免费参观，让更多的人了解中华优秀农耕民俗文化。

沿黄乡村民俗博物馆是一座古色古香的窑洞式院落，博物馆西端有一孔别具特色的枕头窑，过去多用于贮藏，窑腿上开门窗，便于人们出入和通风采光。博物馆建筑整体保留陕北建筑风格，艺术上体现了仿古和现代工艺的"完美结合"，既有秦砖汉瓦的古朴庄重，又有现代建筑的简约大方。建筑材料多采用木石夯土，草泥抹顶、抹墙，

图 2　沿黄乡村民俗博物馆

经久耐用，木料、夯土、石头都是就地取材，院墙，围栏多采用枣木、石板等，再简单雕刻"诗词"装饰围墙。雕刻在石板上的诗词大多以农耕文明为题材，行草隶篆，五体兼顾，颇具审美价值。

民俗博物馆陈列展出农耕工具百余种1200余件，有农耕用具、手工技艺、民俗文化等。农耕用品陈列室展现了从新石器时代到20世纪70年代，黄河流域陕北农民生产生活的点点滴滴，陈设着不同历史时期的生活用具、农用工具、纺织用具、交通工具等。博物馆中的一件件古农具，一张张旧桌椅，一幅幅珍贵牌匾与家书，留存着往昔岁月的珍贵印迹，传承着祖祖辈辈的创造智慧，全面展示了菜园沟及神木的农业发展历程、农民生活演变、农耕文明进程，彰显了文明延续的无穷魅力，凝聚着人们对美好生活的向往与追求，清晰勾勒出这方土地独具特色的农耕文化脉络，在展现农耕文化主题的同时，成为集民俗旅游、写生采风、民俗调研、党建活动于一体的在沿黄公路上独具特色的文化驿站，成为展示、传播和弘扬陕北红色革命文化的精神载体。

3　开展民俗文化活动，展现黄河文化时代风采

菜园沟村民虽居山大沟深的穷乡僻壤，但文化活动非常活跃，村里有道情班子、晋剧班子和秧歌队等群众文艺组织，一遇农闲就登台演出，而且节目大部分为村民自

导自演，彰显出黄土高原的广袤博大与黄河岸边乡亲的原始粗犷。独特的民俗，惊艳了时光，沉醉了岁月。

始建于明清时期的道情班子，由戏曲爱好者自发组织，曾请外地名家来村传艺。抗日战争时期，村民黄清祥自筹资金购买了服装、道具，自任班主，在万镇、花石崖、太和寨、瓦罗、栏杆堡等方圆百里的区域巡回演出，给周边群众送去了一出出喜闻乐见的戏曲表演，曾成功献演过《禁瓜》《定边娶妻》《杀狗劝妻》《芦花》《赶脚》《牧牛》《烙碗计》等传统剧目，一时闻名遐迩。新中国成立初期，菜园沟道情班子还代表神木县参加过榆林地区的文艺汇演。直到现在，村民中生、旦、净、丑，文武各角色齐全。

晋剧班子成立于1956年冬。当时部分戏迷自愿筹资邀请山西兴县晋剧团退休职工李五毛来村传艺，先后排练出《明公断》《乾坤带》《七星庙》等传统剧目。在那个极度贫穷的年月，菜园沟村的晋剧班子给文化生活极度贫乏的神木南部乡村带来了难得的欢乐。

秧歌队，其出现比道情班子和晋剧班子要早很多年。在村民间薪火相传，历久不衰。每年的农历正月12日至15日，秧歌队都要载歌载舞闹"元宵"，给节日里平添了许多热闹气氛。活动内容主要有：礼拜祈福，以求五谷丰登；逐户拜年，庆贺新春；村头广场公开表演，向全村乃至周边村庄赶来看热闹的民众献艺；每年正月十四、十五晚上，还有转九曲黄河灯游会。转灯时，秧歌开道，鼓乐齐鸣，村民们扶老携幼，穿行在九曲黄河阵，绕过365盏花灯，祈求一年风调雨顺，幸福平安。转灯结束，秧歌便打开场子扭起来，在礼炮、礼花声中，把"元宵"佳节的氛围推向了高潮。

灯游会，也称"九曲花灯"，在这个村已有500多年的历史。村里坚持每年举行规模盛大的灯游会，民间游艺活动也丰富多彩。这些自娱自乐的文化活动，既传承了优秀地域文化、锻炼了村民的身体，也推动了乡风文明发展、增进了村民间的感情。

菜园沟古来就有农贸集市传统，是方圆几十里久负盛名的货物、骡马贸易集散交易地，被晋陕蒙商旅称为"小香港"。最初是农历每月逢八日，即初八、十八、二十八为赶集日。从一九五七年起，在每月逢八的基础上，又增加逢三集，这样就变成了五天一集，一月六集。其中，每年三次的"骡马大会"，分别是农历正月十九、七月十九和九月十九日。"骡马大会"期间，不仅有牛、羊、骡、马、猪等家畜的交易，还有日用百货、粮食等农副产品的交易。正月里有秧歌，夏秋季有晋剧演出，每年三月、六月（不定日）还各唱大戏三天。唱大戏在陕北农村是一件大事，唱戏前，村民先举办祈求风调雨顺、国泰民安的仪式。唱戏期间，物资交流贸易同步进行，牛马嘶鸣、人声喧沸。一边是吹拉弹唱，一边是讨价还价，相映成趣。这种热闹场景每次都会吸引南来北往客商和周边数千村民前来赶集交易。

4　因地制宜，探索"一体四翼"乡村振兴之路

菜园沟依托乡村自然环境、红色资源、人文历史等资源，探索发展以黄河文化为主体，以发展农业经济、传承农耕文化、弘扬革命精神、推动乡村旅游为四翼的乡村振兴新路径。

2018 年菜园沟村成立经济联合社，聘任外出能人企业家为村集体经济顾问，和村干部一起为菜园沟村产业发展建言献策。结合土地流转发展果蔬园区种植，将村废弃小学改造为乡村民俗博物馆，植入采摘、烧烤、民宿等乡村旅游业态，探索文农旅商乡村振兴新路子。

菜园沟是 1934 年就建立革命政权的老区。在革命战争年代，这里的群众在共产党的领导下，出生入死，前赴后继，十八位英烈宁死不屈，用鲜血和生命保护红军。新中国成立后，经过几十年的艰苦奋斗，村内建有村史馆、党群服务中心、农耕博物馆、卫生院、养老院、神木图书馆沿黄乡村分馆、农耕书画院等，组织并编写村志，教育、文化、卫生、养老等各方面得到了很大改善。

5　时光记录发展，百姓文化获得感大幅提升

1958 年，菜园沟医院成立。

1965 年，国防线路通过村内，村里驻扎有中国人民解放军 58016 部队驻菜园沟哨所，长驻通信兵三至五人，维护国防线路。1989 年，哨所撤销，国防线路维护任务交当地政府。

1968 年，神盘简易公路绕山梁通过。同年，菜园沟学校由五年制小学改为七年制中学。

1970 年，有线广播开通，菜园沟村民们第一次听到了来自外面的新闻。广播喇叭也成了指挥农田基建的号角。

1981 年，菜园沟村村民开始实行联产承包生产责任制，迈出了改革开放的步伐。

1985 年，农电线路架进村里，菜园沟村村民从此结束了"点灯用油"的历史，并基本告别了用人、畜力进行米面加工的艰难岁月，开启了农用电力大发展的时代。

1988 年，寨子梁到村公路通车。同年，村民王秀南买回第一辆汽车，搞起个体运输。

1991 年，村民刘尚南家买回第一台电视，村民开始通过电视了解外面的世界。

1995 年，神木县有线电视台工作人员为村里安装了一套卫星电视地面接收设备，自此有线电视节目信号覆盖全村。

1996 年，王秀南家安装上本村第一部有线电话，闭塞的山村听到了来自外面的声音。

2000 年，神盘二级公路开通，菜园沟村村民出行更加方便，日用百货、农用物资运输更加快捷。

2018 年 12 月，成立菜园沟村经济联合社。

2019 年 7 月 6 日，菜园沟村举办"神木市沿黄乡村庆祝中华人民共和国成立 70 周年书画作品展暨阅读驿站揭牌仪式"。

2020 年 7 月 4 日，时任榆林市市长的李春临前来菜园沟村开展基层党建和乡村振兴调研工作。

2020 年，菜园沟村被评为省级乡村旅游示范村，被中共榆林市委宣传部授予爱国主义教育基地称号。

2021 年 8 月 16 日，菜园沟村举行庆祝建党 100 周年百年百福书画作品展览活动。

2021 年，菜园沟村被中共神木市委组织部确定为党员领导干部党性教育现场教学点。

2022 年 3 月，菜园沟村被评为国家 3A 级旅游景区。

2022 年，菜园沟村列入陕西省第四批传统村落名录。

2023 年 3 月，住房和城乡建设部、文化和旅游部等六部门公布第六批列入中国传统村落名单，全国共 1336 个村落入选，沙峁镇菜园沟村上榜。

近几年，菜园沟村通过挖掘红色革命资源、本村民俗特色资源，多次举办展览展演、研学旅行、农耕体验、党课教育、戏台唱戏等文化活动，已成为榆林市爱国主义教育基地、北京人文大学美术创作基地、西北大学艺术学院实习创作基地、陕西美协水彩艺委会基地、陕西师范大学美术院写生基地。

6　乡村振兴愿景

深化机制改革，拓宽收入渠道。目前，菜园沟集体经济仍处于探索发展阶段，下一步将着力加强村集体经济制度建设，包括完善村集体经济股权制度，理事监事股民代表的学习制度，探索混合所有制股份改革、增设村集体经济乡贤会商制度。围绕主导产业，发展多种特色产业，增加村集体经济收入。

打造观光农业，推动农文旅融合发展。充分利用菜园沟村独特的区位优势和文化资源禀赋，利用黄河文化、农耕文化、红色文化资源，以农耕民俗博物馆安静幽雅的特色小院为中心，将传统的农耕产业逐步向观光农业、农事体验、特色农庄、农情民舍等乡村旅游业发展，提高独具特色的天然乡村景区服务能力。

丰富文化供给，培育文明乡风。挖掘乡村文明生长点，围绕公共图书馆、文化馆总分馆制建设，打造体现新需求、新趋势、新理念的乡村读书驿站、综合文化服务中心等乡村公共文化空间，将文化创意融入乡村生活场景，综合利用传统文化、红色文化丰富现代公共文化服务与产品供给，用文化赋能乡村振兴和乡风文明建设。

作者简介：丁洪玲，女，大学本科学历，毕业于西安科技大学电子信息专业。现就职于陕西省图书馆。主要研究方向是陕西地方文化资源的建设和开发。发表学术论文 10 余篇。

文旅"产业链"变成生活"幸福链"

——西葫芦素村尔林兔大草原景区建设

樊东坡（陕西省图书馆）

西葫芦素村位于神木市尔林兔镇西北 14 公里处，榆林、鄂尔多斯接壤地带，毛乌素沙漠东北边缘，海拔 1300 米，面积 63.33 平方公里，其中水地 6800 亩、耕地 9843 亩、旱地 3043 亩、林草地 67200 亩，全村户籍人口 699 户 1771 人，其中常住人口 263 户 593 人。"尔林兔"源于蒙古语，意思是"有花的小山"。其中，万亩天然牧场尔林兔大草原就在西葫芦村，这里地理位置优越、自然风光靓丽、土地肥沃、种养殖业发达，地下水源充足，无工业污染、交通便利。2022 年底，西葫芦素村玉米产量 5000 余吨，羊子存栏 1.4 万余只，牛存栏 500 余头，猪存栏 900 余头，家禽 9000 余羽。2019 年西葫芦素村被评为市级森林村庄。

1 生态建设推动旅游产业发展

近年来，神木市积极践行"绿水青山就是金山银山"理念，统筹推进国土绿化，持续提高林业发展活力，提高森林质量。其中林草建设项目总体规划包括尔林兔、大保当、瑶镇、中鸡四个公社共计 35000 亩草原。尔林兔镇党委、政府抢抓林草建设项目机遇，根据山水林田湖草沙系统治理的要求，对原先荒芜的草原进行了保护性开发，通过分析全镇旅游产业现状、资源条件、客源市场，制定了分期投入、滚动发展的原则，将草原纳入生态保护和旅游开发建设管理中，目标是打造融合三生（生产、生活、生态）、做强三业（农业、加工业、服务业）的新型田园旅游综合体。后期又按照"以农促旅，以旅带农，农旅融合发展"的总体思路，不断调整产业结构，加快供给侧结构性改革，全面推进产业融合发展，逐步将旅游业打造成为全镇重要支柱产业。为了支持尔林兔大草原建设项目，神木市政府投资 1.2 亿元、企业投资 3500 万元，按照"一心四区多点"布局，对大草原进行保护性开发。"一心"即高水平建设游客服务中心，"四区"即打造草原休闲体验区、田园农庄体验区、亲子主题游乐区、花海观赏游

图 1　尔林兔大草原景区

览区，"多点"即在旅游环线上分布式建设有七彩花海、奇幻主题乐园、摄影基地、露营基地、房车营地、低空旅行、泡泡酒吧等草原旅游体验点。经过多年发展，如今的尔林兔大草原已经成为陕北地区保存最为完整的一片原生态湿地型草原，并于 2022 年成功建设为国家 4A 级旅游景区。

西葫芦素村的尔林兔大草原景区，总占地面积 10373 亩，与 4A 级景区"大漠神湖"红碱淖、5A 级景区成吉思汗陵和独具特色的公格沟七彩丹霞等共同构成了一条大漠精品旅游线路。其中，尔林兔大草原景区有万亩草原、千亩花海、百亩乐园三个旅游板块，是集田园花海休闲观光、高端研学团建、时尚草原主题露营、特色美食街区、主题音乐派对、后备箱集市等于一体的新型田园旅游综合体。为了提高景区研学、团建和游客接待能力，景区对奇幻乐园、露营基地、房车营地、千亩花海、游客服务中心等配套设施和美食档口、马场、射箭场等业态进行了提升改造，新增了林间小院、泡泡酒吧、碰碰车、无动力彩虹滑道等休闲娱乐项目，启动了七卜素河两岸绿化、美化工程，升级了景区监控系统、收银系统、大数据系统。凭借优质旅游文化资源和先进的管理运营理念，西葫芦素村走上了一条以农促旅、以旅带农的可持续发展道路。

2 文化为魂建设文明家园

文化振兴是乡村振兴的灵魂。随着经济的不断发展，西葫芦素村也开始不断加强乡村文化建设。西葫芦素村村"两委"多方筹集资金，于 2019 年在村党群服务中心建成总面积为 2000 平方米的文化活动广场，景观绿化风景宜人、健身器械一应俱全，成为村民休闲、娱乐、健身的文化活动场所。逢年过节、遇到喜庆盛事，群众都会自发扭起秧歌，学生们寒暑假回到家乡也要兴致勃勃地组织数场篮球比赛和乒乓球竞技。白天，碧水蓝天、空气清新，无论各种活动都会使人心情愉悦，不管是参与者还是观众都热情高涨。晚上，位于广场四周的路灯就成了大家的光明天使，守护着翩翩起舞的广场舞爱好者，呵护着老人、孩子和玩伴们进行各种休闲、娱乐活动，其乐融融。

"乡村文明一条街"是"美丽乡村、文明家园"创建工作的一项重要内容。村党支部在村党群服务中心阵地、村文化活动广场、居民聚集区和万亩草原旅游廊道设立宣传栏，建成了西葫芦素村文化活动展示区，展现了涵盖乡风文明建设、产业发展、文化发展、法治教育、政策解读、传统美德宣传、旅游服务等内容的西葫芦素特有的乡村文明。设立的红黑榜、村务公开栏、政策宣传栏和道德评议栏，起到了宣传党和国家政策、展示村风民俗、弘扬正气、传递正能量的积极作用。

出生于 1959 年的孟光艳，是西葫芦素村村委会副主任，由于酷爱读书，他很早就在自己家中创办了一个"草原书屋"，为村民、学生读书看报提供义务服务成为孟光艳的一种人生乐趣。在孟光艳的影响和带动下，他的三个孩子从小就养成了爱读书的好习惯，分别考上西北大学、西北政法大学、西安科技大学，并先后获得了硕士学位。为了让"草原书屋"更好地满足村民阅读需求，神木市图书馆和村委会共同合作，将农家书屋与"草原书屋"资源整合，扩大面积 48 平方米，新增了书柜、阅览桌椅和图书、报刊，孟光艳被聘为神木市图书馆西葫芦素村分馆管理员。现在的"草原书屋"成为村民和学生的好去处、远近闻名的读书角、交流心得的小课堂，是提升村民文化素质的"加油站"、乡风文明建设的"风景线"。孟光艳家庭被神木市文化和旅游文物广电局、神木市图书馆评为"最美书香家庭"和尔林兔镇"十星级文明户"。榜样的力量感染和吸引了越来越多的村民重视知识、主动读书，极大地丰富了村民的精神文化生活。

为了更好地培育和践行社会主义核心价值观，西葫芦素村还将知行培育、文化铸魂、典型示范相结合，全面提升村民文化素养和道德修养，村党支部先后邀请"全国文明家庭"代表贺俊花、"全国五好文明家庭标兵"代表刘小燕、市法律援助中心律师焦芳开展系列讲座，让广大村民接触到"看得见、摸得着、学得了"的道德标杆。

3　发掘地方文化丰富旅游场景

尔林兔大草原有着优质的自然风景旅游资源和丰富的人文旅游资源，是西北地区唯——一片融合了湿地草原和沙漠草原双重景观的原生态自然旅游区，"芦花绽放"观景台、湿地栈道、奇幻乐园、露营基地、花海均为草原特色地标。此外还有射箭场、马术表演、萌宠牧场、房车营地、摄影基地等其他业态。壮丽秀美的自然风光，广袤无垠的沙漠草原，豪迈奔放的草原歌曲，独具特色的美味佳肴，丰富刺激的游玩项目都是尔林兔大草原打造全域旅游的独特资源优势。

有了自然资源优势，尔林兔大草原景区还力求在传统文化挖掘上求突破，在蒙汉文化融合上找特色，特别是充分挖掘本地历史文化故事，把草原文化崇尚自然的生态

图 2　尔林兔大草原牧场

特征、自强不息的民族特征、开放包容的性格特征、崇尚英雄的伦理特征和厚重大气的黄土文化融入各个景点之中，使草原旅游讲解有据可依、有理可寻、有史可听。

依托现代特色农业，大力促进农旅融合，也是景区发展的重要维度。尔林兔镇依托红碱淖和镇区田园综合体项目，在石板太等 4 个行政村引进农业生产托管试点，将 2.4 万亩土地集中连片，充分利用生态科技发展高效农业、设施农业、农业观光旅游、休闲采摘农业和农耕体验等"农旅"融合项目，建设现代特色农业示范园，实施了西葫芦素村万亩草原旅游开发、木独兔村大漠渔村景点建设、吧吓采当村鱼塘建设、袁家圪堵村柳编工厂建设等集体经济项目，推出"红碱淖鱼"、本地土鸡、白绒山羊等有尔林兔特色的产品，积极组织实施道路绿化、庭院绿化、村周绿化工程，从点到面搞好镇域、村庄绿化、亮化和美化工程建设，形成"一村一景，一户一画"的文旅融合发展格局。尔林兔大草原景区荣获 2022 年度文旅行业先进单位、2022 年度全市招商引资优秀项目等荣誉称号。

4 成效与经验启示

农村发展产业一般会遇到三方面问题：一是传统生产方式竞争力较弱。部分农村产业仍然以传统种植为主，传统单家独户的小农经济生产方式下农户经营较为分散，种植技术落后，机械化程度低，生产效率较低，生产成本较高，与发达地区相比缺乏市场竞争力，难以实现产业振兴发展的效益。二是产业发展缺乏专业技术人才。乡村产业项目投资大、见效较慢、周期较长，投资回收期一般都需要 5 年左右，对专业经营管理人才和技术人才需求很大，加上乡村年轻劳动力严重外流，造成乡村人才严重短缺。三是乡镇的工作环境和生活条件相对艰苦，难以吸引优秀产业振兴人才。部分老同志由于学历和知识层次偏低，接受新事物、新观念、新知识的能力较弱，在落实示范带动、农业产业开发中缺乏创新能力；而年轻干部又缺乏基层工作经验，面对实际困难时往往显得办法不实用，与群众打交道存在障碍。

尔林兔镇党委、镇政府按照推进神木市委、市政府总体战略，全面分析全镇产业现状、资源禀赋、客源市场等要素，因地制宜打造"田园综合体"，大力发展观光农业和休闲农业。尔林兔大草原景区秉承"以农促旅、以旅带农、农旅融合"的发展原则，以全域旅游和现代农业为抓手，推行"政府+村集体+企业"的发展模式，坚持能人带动，筑巢引凤，发展特色农业和观光农业，盘活集体经营性资产，吸纳农户资金入股，带动村民增收致富。其中草原嘉年华、葵花旅游节、草原音乐节成为神木市文化旅游节的重要组成部分，也成为尔林兔大草原的特色旅游项目。在尔林兔大草原营销团队精心设计和运营下，尔林兔大草原景区取得了不错的成效。2021年8月成功举办了"相约草原·向阳而行"葵花文化旅游节暨尔林兔大草原欢乐嘉年华活动，活动期间榆林周边游的抖音热度达67万，游客量达10万余人次，辐射带动周边村集体收入达500万余元。2023年6月20日，"神奇神木·神秘神往"2023年神木市文化旅游节开幕式在尔林兔大草原举行。景区旅游活动主要在暑假、周末、节假日进行，客流量高峰期活动主要以"大、少"为原则，旨在提升游客出游体验；周内客流量平缓期主要以露营基地乐队、篝火晚会等小型活动为主；客流量低迷期则加大活动力度和团建宣传力度，如举办为期1个月的音乐节、大型篝火晚会及烟花秀。逢端午节、国庆节等节假日期间则举办相应节庆活动。

为推进文明旅游工作落实，尔林兔大草原景区积极开展文明旅游主题宣传，景区多处设置"爱护环境""文明旅游"等相关标识、横幅、公益广告、景观小品，引导游客文明出游。游客中心宣传栏放置文明旅游相关宣传资料，LED屏幕播放文明旅游标语、文明旅游视频，设立学雷锋志愿服务站，常态化开展文明宣传、旅游咨询、文明劝导、秩序维护、基础医疗救护等志愿服务活动。游客中心还配有轮椅、婴儿车、急救包、爱心雨伞、共享充电宝等人性化设施和物品。

2022年，尔林兔大草原景区游客接待量达31万人次，截至2023年9月，举办尔林兔农旅嘉年华、老城消夏文化集、通用机场飞行表演嘉年华等一系列活动，游客接待量达41万人次。精彩纷呈的文化旅游活动，全力推动了文化和旅游事业深度融合发展，由此可以看出，尔林兔大草原景区占尽了文旅融合的天时地利，必将成为文化赋能乡村振兴方面的神木样板，成为辐射带动周边群众脱贫致富奔小康的典范。

在未来的发展中，西葫芦素村将持续发挥"党建+"引领作用，"以全域旅游推动乡村振兴"为发展思路，以创建尔林兔大草原5A级旅游景区为目标，以产业兴旺为重点，以生态宜居为关键，以乡风文明为保障，以治理有效为基础，以生活富裕为根本，将文化旅游发展的"产业链"变成当地群众生活的"幸福链"，让西葫芦素村成为榆林乡村振兴标杆、陕西乡村旅游旗帜、全国农旅融合典范。

作者简介：樊东坡，男，研究生学历，主任记者。现任陕西省图书馆阅读推广部副主任，中国图书馆学会公共图书馆分会图书馆营销专业组委员，陕西省朗诵协会理事，陕西省仓颉文化研究会副秘书长，陕西省工商硕士管理学院学生联合会副主席。资深媒体人，新华社签约摄影师、中国新闻摄影网会员、人民摄影网会员。获中央级、省级、市级新闻奖多项。

传承治沙精神，编织美好生活

——袁家圪堵村的非遗柳编产业

边　皎（陕西省图书馆）

袁家圪堵村地处神木尔林兔镇、毛乌素沙漠东北边缘，"尔林兔"蒙古语意为"水草肥美的地方"，"圪堵"蒙古语意为"沙堆"。在榆林有不少以"圪堵"命名的村庄，如子洲县董家圪堵村、榆阳区王家圪堵村、府谷县陈家圪堵村等，而袁家圪堵村一边积极开展沙漠治理，一边因地制宜、就地取材地发展非遗柳编产业，带动村民脱贫致富，彰显了治沙精神的延续，是榆林人民不畏困难、坚韧不拔、奋斗致富的缩影。

1　与毛乌素沙漠的抗争

毛乌素沙漠地处陕西榆林市和内蒙古鄂尔多斯市的交界地带，总面积约为 4.22 万平方千米。据史料记载，秦汉时期的毛乌素水草肥美，农业及畜牧业十分发达，非常适宜居住。然而到了唐代，匈奴人占领了这片土地，受连年战乱、过度放牧、气候变化等多重因素的影响，毛乌素生态环境受到严重破坏，绿地被摧残得伤痕累累。毛乌素地区的土质以砂砾土石为主，一旦植被遭到破坏，裸露的砂石在季风作用下会不断蔓延，最终变成流沙，特别是会频频引发沙尘暴，每年造成约 200 多天的沙尘天气，吞没沿途的村庄、城市。经过上千年的演变，毛乌素地区逐渐变为大漠苍凉的沙海，榆林城区就曾为躲避风沙迁徙过三次。由于水土流失严重，每年由毛乌素沙漠流入黄河的泥沙高达 5.3 亿吨，造成黄河下游河床不断抬高，形成地上悬河，为下游地区带来洪涝隐患，也使毛乌素沙漠地区的农业生产变成了"庄稼苗苗出不全，沙进人退走他乡"，"三翻五种九不收"的情况。

为了彻底改变黄沙漫天的恶劣环境，减轻对黄河中下游的洪涝隐患，新中国成立后，榆林人民开始了与毛乌素沙漠的艰苦抗争。20 世纪 60 年代进行草方格人工种植、采用网格化固沙技术，70 年代大力构筑"三北"防护林防风带，80 年代实施飞播造林工程，通过以上措施逐步完成了对毛乌素沙漠"点""线""面"的治理。翻开我国不同时期的地理版图，西北广袤的土地上，毛乌素沙漠由"黄"到"绿"的变化无疑最引人注目。

据 2020 年陕西省林业局公布的数据，榆林地区沙化土地治理率已达到 93.24%，每年黄河的输沙量减少了 4 亿吨。在毛乌素沙漠腹地，还新开辟农田 160 万亩，延续千年的不毛之地重新焕发出盎然生机，出现了林地、草地、良田和鸟类繁多、碧波荡漾的湖泊，曾经饱受风沙侵害的榆林变成了塞上绿洲。

在长达半个多世纪的沙漠治理中，一代又一代治沙人，用青春、热血、坚韧、不服输的信念改写了"沙进人退"的历史，涌现出补浪河女子民兵治沙连、牛玉琴、石光银、张应龙等众多治沙英雄，创造了世界上最大面积的生态逆转。

1974 年，为响应中共中央、国务院"植树造林，绿化祖国"的伟大号召，54 名平均年龄只有 18 岁的姑娘，组建成立了"长城姑娘治沙连"，拉开了战天斗地、治沙造林的序幕。这就是著名的补浪河女子民兵治沙连的前身，她们住着"柳笆庵子"，吃着青稞面窝头，靠几十把铁锹和几辆破架子车，人拉肩扛地推沙梁、造田地、栽树苗……四十年多年过去了，女子民兵治沙连先后换了 14 任连长，队员换了一茬又一茬，铸就出"自力更生、艰苦创业，乐观向上、无私奉献，团结协作、创新进取"的治沙连精神，树起了一座塞北大漠生态文明建设的时代丰碑。毛乌素沙漠的治理被联合国环境专家称为"治沙史上的奇迹"。

2002 年，时任北京某外资公司副总经理的张应龙，在秃尾河源头各丑沟，以 70 年期限承包荒沙地 19.8 万亩，启动治沙工程。随着一次次失败，张应龙认识到荒沙造林必须发动社会力量，于是牵头成立了神木生态保护建设协会。经过 20 年的治沙造林工作，协会完成人工林 40 万亩，管护面积达 50 万亩，植被覆盖度由原来 3% 提高到现在的 65%。2019 年，毛乌素治沙造林基地被国家林业局和中国绿色时报评为"中国最美七大沙漠（沙地）"，被媒体称赞为"毛乌素中的马尔代夫""毛乌素中的塞罕坝"，张应龙也多次荣获"全国劳动模范""中国生态文明奖先进个人"等荣誉。

2　柳编非遗产业助力乡村振兴

在治理沙漠的过程中，沙柳、梭梭树、樟子松等由于耐干旱、环境适应性强，成为固沙造林的优良树种。沙柳更是具有"干旱旱不死、牛羊啃不死、刀斧砍不死、沙土埋不死、水涝淹不死"的"五不死"特性，枝条丛生不怕沙压，根系发达，萌芽力强，成活率高，还具有"平茬复壮"的植物习性。而柳编又是中国民间传统手工艺品之一，沙柳在毛乌素沙漠得到了广泛种植和培育，给袁家圪堵村发展柳编产业奠定了良好基础。

袁家圪堵村总面积 12.5 万亩，有村民 1500 余人。根据村史记载，民国时期袁氏家族是这里的富户，因此该村取名为袁家圪堵村。

由于地处毛乌素沙漠腹地，新中国成立初期的袁家圪堵村"沙丘连绵，一望无际"，村民苦不堪言。20 世纪 50 年代，国家开始毛乌素沙漠的治理行动，袁家圪堵村男女老少都责无旁贷地投入这场史无前例的治沙运动。在张启贵、张增荣、王金良三代村委书记的带领下，村民凭借"敢叫天地换新颜"的雄心壮志，经过几十年的苦干、实干和巧干，终于让 10 万亩沙柳在村庄周围扎了根，一行行排列整齐的沙柳向沙漠腹地延伸，改写了"沙进人退"的历史。

神木柳编可追溯到 20 世纪 70 年代初期，即"三北"防护林防风带工程启动时期。三北防护林建设工程是世界最大的林业生态工程，覆盖西北、华北、东北的 13 个省份。榆林是三北防护林建设的重点地区之一，当地政府大力提倡村民防风治沙、栽种沙柳，提出"以副补农、多种经营"的号召。治沙所栽植的沙柳具有多种经济价值，既能当作建筑材料，也能作为畜牧业饲料，还可发展柳编产业。因此在神木北部风沙草滩区的乡镇，柳编产业曾盛极一时，镇镇都有柳编服务站，村村建有柳编厂，每个村从事柳编业的少则二三十人，多则八九十人，心灵手巧的男女青壮劳力是编织厂的骨干力量。柳编产品由县外贸公司统一回收，远销至东南亚及世界各地。柳编产业一度成为村集体的一项重要收入，也为当地经济发展作出了很大贡献。

80 年代后期，随着改革开放的深入，大批中青年劳动力开始外出务工，以获取更高的劳动回报，传统柳编产品也逐渐被工业制品所取代，柳编厂纷纷倒闭，柳编业逐渐衰落。

党的十九大召开后，随着全面推进乡村振兴战略的实施和乡村文化旅游业的兴起，柳编作为传统技艺类非物质文化遗产又重新受到各方重视。2018 年 6 月，袁家圪堵村村委会注册成立了集体经济联合社，2019 年 5 月挂牌成立了袁家圪堵村经济联合社工厂，以村集体经济的形式带动贫困户脱贫致富。2020 年，神木市财政投入 120 万元专项扶贫资金，在袁家圪堵村新建了 395 平方米的柳编厂，包括柳编加工厂房 8 间，一边大规模生产柳编产品，一边作为神木柳编技艺传习所开展柳编非遗传承。

图 1　2019 年柳编技艺传习所中的学习场景

柳编厂厂长杜世和从 20 世纪七八十年代就在村里的柳编厂工作，有着高超的编织技艺，是榆林市级非物质文化遗产项目柳编代表性传承人。2019 年柳编厂重新建立后，他将村里掌握柳编技术的农户组织起来，不定期开展柳编技艺培训。在柳编技艺传习所里，农户们谈笑风生，拉着闲话家常，经过去皮、浸泡的柳条在他们手中上下飞舞，很快就变成篓类、筐类、篮类、帽类、盆类、筛类、坐垫类等手工艺品。在生产经营方面，柳编厂采取"企业+柳编厂+农户"模式，引导农户根据市场需求编织产品，不断创新手工艺技法。袁家圪堵村柳编厂的产品既具有实用价值，又具有独特的审美价值，近处销往榆林各地和鄂尔多斯市，远处销往北京、天津、重庆等地。2023 年，柳编厂有固定员工 40 多人，每人年均增收 5000 余元。杜厂长被大家亲切地称为"致富路上的带头人"。

除了大力发展柳编产业之外，袁家圪堵村还积极践行"以农促旅、以旅带农、农旅融合发展"理念，与相距不到十公里的西葫芦素村共同打造尔林兔万亩草原旅游景区，大面积种植向日葵、百日菊、柳叶马鞭草等。一望无际的草原和花海，吸引了越来越多的游客。在繁茂的大草原中，间隔分布着柳编制成的稻草人、牛、羊等工艺品，为草原景色增添了别样的风光。每年草原复苏时，柳编厂的农户们来到尔林兔大草原，现场编织柳编产品，农户们熟练的柳编手艺成了乡村游一景，柳筐、柳篮、柳帽等柳编制品成了最具特色的乡村旅游纪念品。

图 2　2021 年柳编技艺传习所柳编展品

3　传承治沙精神，编织美好生活

在神木，一代代治沙人发扬"不畏艰难、敢于斗争、矢志不渝、开拓创新"的治沙精神，在毛乌素沙漠种满了绿色植被，实现了生态环境的良性改造，数百万亩沙柳和大面积的生态林、经济林，将"沙进人退"的历史悲剧变为"人进沙退"的时代凯歌。

经过半个多世纪的治沙实践，毛乌素沙漠实现了沙漠到绿洲的生态逆转。这是几辈治沙人、无数林业工作者坚持不懈的伟大壮举。在他们之中，有倾尽家产也要植树治沙的，有一家数代人赓续不断改造沙漠的……民间力量与政府力量共同发力，秉持"造福子孙后代、改变恶劣环境"的美好愿景，在日复一日、年复一年的人工造林中，让万里沙海变成了塞上绿洲。重新发展柳编产业，是继承和弘扬治沙精神，传承优秀传统技艺，推动一、二、三产业融合发展，实现生态振兴、产业振兴、文化振兴的重要举措。

生态振兴和产业振兴是乡村振兴的基础和前提，文化振兴是乡村振兴的灵魂。在生态振兴取得重大成果的基础上,袁家圪堵村开始促进产业振兴和文化振兴,面向市场培育具有地域特色的手工制造、休闲观光、旅游康养、新型服务业等多元化特色产业,延伸产业发展链条,重塑价值链,通过对柳编非遗技艺的保护传承和产业开发,让柳编成为带动农民增收致富的大产业。

首先,柳编产品具有小巧玲珑、环保节能、纯朴自然等特性,已经渗透到当地人生辰、婚嫁、寿诞、祭祀、宗教及日常生活的各个领域,在人们生活、生产中具有较高的实用价值;其次,柳编是优秀的传统手工技艺,具有长期的历史传承和鲜明的地域特色,是创造性的手工劳动和因材施艺的个性化制作成果,具有工业化生产不能替代的特性,是陕北人民在长期劳动实践中,认识、利用以及治理沙漠化土地的智慧结晶,有着重要的历史和文化价值;再次,柳编制品原材料广泛,充分利用了韧性植物的特点,追求天然,体现了劳动民众淳朴、淳厚、真诚的品性。袁家圪堵村坚持绿色发展理念,充分利用沙漠治理取得的生态建设成果,因地制宜地发展柳编产业和乡村文化旅游,努力做好柳编非遗传承、保护、利用工作,走出了一条生态建设、产业发展、文化传承相互衔接、共同推动的乡村振兴之路。

神木市坚持"保护为主、抢救第一、合理利用、传承发展"的方针,秉持"创造性转化、创新型发展"的理念,袁家圪堵村的柳编技艺已于2021年被纳入榆林市第六批非物质文化遗产保护项目名录。当然,袁家圪堵村的柳编技艺还需要进一步加大创新动力,与时尚元素相结合提高新产品设计水平和开发能力,培育更多有担当的带头人,吸引更多年轻人投身家乡,投入柳编产业化的发展道路,使其成为乡村产业振兴的积极力量,在推动乡村振兴、美丽乡村建设上发挥更大的作用。

作者简介:边皎,女,大学本科学历,毕业于对外经济贸易大学,馆员。现就职于陕西省图书馆,从事联盟阅读推广工作。研究方向为联盟图书馆工作机制、阅读推广活动。发表学术论文10篇。

科技创新，绿色发展

——大柳塔乌金小镇的绿色画卷

荆　皓（陕西省图书馆）

在雄浑壮阔的陕北高原北端，乌兰木伦河与悖牛川河蜿蜒逶迤，共同滋养着一片神奇的土地，它的名字叫"大柳塔"。远古时期，这里曾经郁郁葱葱，万木争荣。经过漫长的地质年代和地壳运动，大森林变成了大煤田。1984 年，新华社发表了一则《陕北有煤海　优质易开采》的消息，让这个边陲小镇受到全世界的瞩目，72 名创业者从陕西韩城矿务局出发奔赴神木，在乌兰木伦河畔安营扎寨，开启了神府矿区第一个大型现代化企业——大柳塔煤矿的高速发展之路。

1　中国煤海大柳塔

大柳塔镇位于陕蒙交界处，北与内蒙古伊金霍洛旗镇、纳林陶亥镇接壤，东与府谷县大昌汗镇隔悖牛川相望，西南与神木市店塔、孙家岔、中鸡等镇相连，总面积 508平方公里。其地名应与其地处乌兰木伦河冲积平地有关，当地人把河滩俗称为"塔子地"，"塔"为"滩"的谐音。据说从前乌兰木伦河畔长满大柳树，所以大柳塔原名疑为大柳滩。相传，汉朝霍去病北击匈奴、唐代征突厥、北宋时杨家将世代抗辽，都曾在这一带留下过行军足迹。

大柳塔境内地势西北高、东南低，海拔 738—1448 米，属黄土高原地区向鄂尔多斯高原风沙区的过渡地带，镇内沙丘沙地广布，植被稀疏，属典型干旱草原景观。地貌为两川（乌兰木伦与悖牛川）夹一梁的南北狭长地带，气候属半干旱大陆性季风气候。目前境内已探明煤炭储量约 65 亿吨，是神府东胜煤田的核心区域，对保障国家能源安全、促进国家能源供应稳定具有举足轻重的作用。

2015 年，大柳塔镇被陕西省委、省政府命名为"全省首批镇级小城市综合改革试验区"，试验区挂牌后，大柳塔积极推进小城市培育，确立了"一河两岸、一城两镇、东疏西扩、共建共享"的城市建设思路，启动编制总体规划、城市更新规划、产业发展规划、矿山生态文明规划、交通规划及建设性详规。2016 年，国家发展和改革委员会《西部大开发"十三五"规划》提出打造百座特色小城镇，大柳塔被确定为陕西唯一的能矿资源型特色镇之一。2016 年 9 月 27 日大柳塔试验区正式挂牌成立，这个曾经偏僻、贫穷、落后的边陲小镇走上了现代工业城市的发展之路，成为享誉全国的工业重镇。现在的大柳塔镇，辖区内有 7 个社区、14 个行政村，总人口 12.4 万人，城镇化率达到了 88%。

2015 年以来，大柳塔镇围绕镇级小城市综合改革试验核心任务和建设"中国煤炭工业第一镇""国家矿山生态文明示范区"的目标，聚焦"生态修复、产业转型、城市更新"三大历史使命，以"3310"行动计划为指引，在攻坚克难中不断探索改革创新路径、积累转型发展经验，不断夯实高质量发展基础。2021 年，《中国经济导报》与北京中新城市规划设计研究院等机构联合发布《中国乡镇综合竞争力报告》，大柳塔综合竞争力仅次于贵州仁怀市茅台镇，居西部第二位。2022 年，大柳塔镇全年生产原煤 8722.4 万吨，规模以上工业总产值 773 亿元，税收贡献突破 269 亿元，城镇、农村人均可支配收入分别达 48989 元、38223 元。

图 1　大柳塔夜景

2　煤业领域的生态"塞罕坝"

大柳塔镇地处毛乌素沙漠和黄土高原过渡地带，开发初期植被覆盖率 3%—11%，脚踩之处尽是黄沙。面对如此脆弱的自然生态环境，大柳塔镇摒弃了先开发后治理的传统做法，在建设过程中不断探索，逐步形成了"采前防治、采中控制、采后修复"和"外围防护圈、周边常绿圈、中心美化圈"的"三期三圈"生态治理模式，473 平方公里的土地植被覆盖率从原来的不足 11% 升至今天的 64%，昔日的传统矿区变为绿水青山。

科技为煤炭绿色开采和环境保护带来新的飞跃。大柳塔有"全球第一矿"美誉的井工煤矿：中国第一个设计建设 600 万吨、800 万吨年产能的大型井工煤矿，全球第一个率先建成年产能 1000 万吨、2000 万吨直至 3300 万吨产能的特大型现代化井工煤矿，拥有全球一流的先进煤炭开采工艺和技术装备，首创"自主割煤+无人跟机+智能决策"智能掘进工作面，引领煤炭行业掘进设备的智能化转型。与过去"一抹满脸黑"不同，今天的煤矿工人，只需在地面上操作智能机器就可以高效、安全完成采煤任务，井下出现故障时，也会实时反馈到指挥中心，确保在第一时间得到维修。

图 2　煤海塞罕坝中心公园

在大柳塔镇，有一个紧邻大石公路和乌兰木伦河、占地面积约 535 公顷的煤海塞罕坝中心公园，它曾经是神东哈拉沟煤矿采煤沉陷区。如今，公园内植被茂盛、瓜果飘香，休闲、娱乐等基础设施功能齐全。2021 年 12 月，大柳塔试验区煤海塞罕坝中心公园正式成为国家 3A 级旅游景区，是水利部评定的"国家水土保持科技示范园"和"国家水土保持生态文明工程"示范点，公园以水保生态建设为主体，综合实施环境净化、绿化、美化工程，现已初步形成集休闲、娱乐、科教为一体的采煤沉陷区治理示范项目。公园西侧制高点建有轮辐直径 80 米、总高度 90 米、外挂 36 个 360 度透明座舱的"大柳塔之眼"摩天轮，摩天轮可通过智能化夜景灯光控制，呈现"时光之眼""世界之窗""古柳之城"主题灯光秀，昔日采煤沉陷区变身为工业旅游加黄土文化的绿色工业生态旅游热门景点，成为秦晋蒙的网红打卡地。

3　科技护航的智慧之城

为深入贯彻习近平总书记关于社会治理"四化"要求，加强和创新社会治理，提高城市管理水平，大柳塔将原神东煤炭集团新闻中心办公楼，改造建设成总面积 5000 平方米的大柳塔试验区城市综合管理及展示中心，功能涵盖城市规划展示中心、智慧柳塔社会综合治理联动指挥中心，老年大学、城市书房、青年志愿者爱心协会、滨河北路社区服务中心等。

在城市综合管理及展示中心一楼，中心采用声光电联动的壁挂式地形沙盘、壁挂式半实物仿真技术、产业链组合矩阵、光带动感地图、触摸液晶屏等高科技人机互动技术，选取最能代表大柳塔工业文化和煤矿元素进行艺术创造，利用仿真液压机、综采机等设备真实还原采煤场景，全方位、多角度、立体化地呈现出"煤海明珠"大柳塔改革开放以来的沧桑巨变，建设了推动智慧城市建设、提升城市文化形象的新型工业文化空间。

城市综合管理及展示中心的四楼，是综合治理联合指挥中心，它是大柳塔城市智慧化管理的"大脑"。指挥中心按照"一个中心、一个平台、一套体系、一个机制和一张网格"的"五个一"总体要求，利用智慧柳塔"私有云""基础数据云""视频数据云""地理信息云"等大数据智慧平台，通过信息网上报送、指令网上流转、进度网上监督，实现工作流、信息流、管理流有效融合，治安管理、交通管理、城市管理、安全生产、环境保护、综治维稳、消防监督、应急管理全覆盖。指挥中心还依托基层网格力量配置，对人、房、物采取精细化智能化管理，各项任务按照职责权限分类派发至相关职能部门，实现信息收集汇聚、分流交办、处置反馈、监督考核的闭环式管理，形成横向到边、纵向到底的智慧城市管理模式，使智慧柳塔成为社会综合治理、便民服务的前沿阵地、城市管理的创新平台。

4　文化润泽的幸福家园

为统筹推进新时代文明实践中心和综合性文化服务中心建设，大柳塔镇按照"有机构、有阵地、有队伍、有平台、有活动、有制度、有氛围、有品牌"的"八有标准"，打造出集思想引领、道德教化、文化传承和文化服务等功能于一体的新时代文明实践分中心，不断完善志愿服务激励机制和新时代文明实践分中心规章制度、管理办法，截至2023年，建成村（社区）新时代文明实践站19个，成立志愿服务队36个，拥有注册志愿者5800多人，有效串联基层党建、智慧乡镇、志愿服务、乡村振兴、社区治理、群众文化等工作，举办剪纸艺术培训、声乐培训、手工艺培训、关爱留守儿童等志愿服务项目200多个，开展新时代文明实践活动千余场次，志愿服务时长累计61866小时。

在大柳塔试验区城市综合管理及展示中心的二楼，建有政府主导、社会力量运营的城市书房——神木市图书馆大柳塔镇分馆。该书房有藏书万余册，设有儿童阅读、图书借阅、咖啡茶艺、文创销售等功能区，满足了不同人群的多元化文化需求。为推动书香大柳塔建设，大柳塔实验区还划拨专项资金，完善村（社区）书屋建设，优化图书资源配置，为居民提供儿童漫画、童话、经典名著和农林科技类书籍，并逐步纳入到神木市图书馆总分馆体系，实现统借统还。

为丰富群众文化生活，推动社会主义核心价值观和党的创新理论融入群众日常生活，大柳塔试验区建有道德讲堂，开设有微信公众号，在街道、公园广场展播公益广告170余处，主题文化墙9000多平方米，紧扣"我们的节日"主题，组织志愿者走访慰问困难群众和身边榜样，开展文艺演出、文明祭扫、"网上祭英烈"、包粽子比赛，指导村（社区）开展"星级文明户""文明家庭""好家风家训"评比活动。为提升广大群众的艺术素质，大柳塔试验区充分利用文明实践所、站和镇、村（社区）两级公共文化服务阵地，大力开展公益性文化培训活动，成立剪纸艺术室，通过现场教学、网上授课等形式为居民提供传统文化培训，培养出一批布贴、剪纸能手，还利用乡村学校少年宫阵地和校园社团为孩子们传授剪纸艺术，让群众在潜移默化中接受艺术普及教育和美育。

大柳塔辖区内的神东煤炭集团（以下简称"神东集团"）是国家能源集团的骨干煤炭生产企业，神东集团的文体中心向大柳塔全体市民免费开放，将企业文化资源服务于地方，让群众在家门口享受高品质的公共文化服务。大柳塔还与神东煤炭集团、中煤集团等多家驻地企业联合举办"9·9"公益日慈善募捐、春联文化节、领导干部义务植树、"一盔一带"文明交通宣传教育、庆祝中国共产党成立100周年群众广场文艺晚会等系列文明实践活动，着力构筑群众愿意去、经常去、乐于去的"文明实践乐园"。

大柳塔在发展过程中，坚持把"以人民为中心"作为出发点和落脚点，以更高站位、更宽视野、更大力度谋划和提升经济社会发展的"科技含量""绿色含量""文化含量"，坚定不移地在发展中保障和改善民生，不断完善"中国煤炭工业第一镇、国家矿山生态文明示范区"的建设蓝图，加速构建生态修复、文旅产业和乡村振兴多元赋能、协同发展格局，不断深化群众性精神文明创建工作，细化思想道德养成，常态化开展文明志愿服务，高质量推进国土空间规划，建成煤海塞罕坝3A级景区，"两山银行"试点建设稳步推进，地方与企业融洽和谐、共谋发展，生态农业示范基地等项目顺利实施，高标准完成14个行政村乡村振兴规划编制，让讲文明、树新风成为城市精神面貌的主旋律，书写无愧于历史、引领发展的新篇章。

作者简介：荆皓，女，大学本科学历，馆员。现就职于陕西省图书馆规划财务科。研究方向为公共文化服务体系建设。

文化点亮美好生活

——滨河新区红柠社区的公共文化服务新实践

李晓宁（陕西省图书馆）

神木市滨河新区红柠社区，是成立于 2020 年 12 月的新建社区，占地面积约 11.35 平方千米，当时辖区内有 3 个居民小区，16 家国企、13 家事业单位、73 家民办企业，总人口 11437 人（另有学生 5265 人），常住人口 7448 人。自社区建成以来，红柠社区根据《中华人民共和国公共文化服务保障法》《关于推动公共文化服务高质量发展的意见》和《陕西省公共文化服务保障条例》等法律法规和政策要求，积极抢抓神木创建陕西省公共文化服务高质量发展示范市发展机遇，以社区综合性文化服务中心、新时代文明实践站、党群服务中心和神木市图书馆红柠社区分馆等为主阵地，先后建设未成年人心理健康辅导站、图书室、道德讲堂、多功能室、市民学校、社区党群服务驿站、日间照料中心、亲子公园、丝路公园等公共服务设施，在推动社区公共服务资源融合，繁荣社区公共文化服务，丰富群众精神生活方面做出积极探索，实现了公共文化服务创新突破和品质提升。

1 整合多方力量，搭建文化平台

红柠社区公共文化服务阵地由社区综合性文化服务中心、新时代文明实践站、党群服务中心、神木市图书馆红柠社区分馆、亲子公园、丝路公园以及神木市火车站文化广场 7 大板块组成。

社区综合性文化服务中心主要为公众提供书报阅读、影视观赏、戏曲表演、普法教育、艺术普及、科学普及、广播播送、互联网上网和群众性文化体育活动等服务。

新时代文明实践站充分发挥党员先锋模范作用，重点围绕基层宣传思想文化工作和精神文明建设，大力培育和践行社会主义核心价值观，因地制宜开展经常性、面对面、广大群众喜闻乐见的文明实践活动，为建设新时代又富又美红柠社区提供坚强思想保证、强大精神动力、丰润道德滋养和良好文化条件。

社区党群服务中心阵地共分为两层，办公面积约 1000 平方米，设有便民服务大厅，综治中心、多功能活动室、调解室、居民议事室、社会组织活动室等 12 个功能科室，打造"金种子志愿服务队"、创立"一月十访"红柠特色文化品牌，极大丰富社区居民的日常生活。

在整合多方力量搭建文化服务平台的基础上，红柠社区组织开展了丰富多彩的文化服务。如定期为辖区居民开放"红色影吧"，引导群众铭记历史、传承红色基因、弘扬革命文化、凝聚奋进力量。着手打造"悦读阅美"和"翰墨丹青"两个公共文化空间。其中，"悦读阅美"空间由社区与神木市图书馆联合共建，为神木市图书馆红柠社区分馆，有藏书 1800 余册，一周 7 天为居民提供阅读服务，每月举办读诗会、读花会、读亲会、读恩会，不定期开设亲子课堂、绘本故事课堂等活动，截至 2023 年已开展 20 余场活动，服务 500 余人次。"翰墨丹青"文化空间由社区与神木市文化馆合作共建，定期开展硬笔书法公益培训，组织书法爱好者进行书写交流、书画展览等活动。

图 1　2023 年 3 月 24 日红柠社区"积前人之学　浴墨林之风"硬笔书法公益课堂合影

红柠社区亲子公园位于红柠小区北侧，是一个集运动健身、休闲娱乐、亲子游戏互动于一体的综合性文化公园。该公园在保留原有绿地和景观的基础上，配备了塑胶跑道、沙坑、健身器材、坐凳以及具有神木特色的景观小品、宣传专栏等器材设施，地面以红色为主要基调，搭配颜色各异的健身器材，给人以温馨的视觉享受。自亲子公园投入使用后，红柠社区组建了居民自治队，发展了志愿者队伍，依据公园周边空巢老人与留守儿童较多的特点，利用亲子公园阵地先后开展了"关爱一老一小　定格朝夕美好""童趣红柠六月天　得闲巧手绘纸鸢""趣味多彩夕阳红"等形式多样的活动，通过系列活动不断丰富辖区老小的文娱生活，使亲子公园成为承载居民对美好生活向往的"幸福公园"。

丝路公园位于红柠社区景华家园北侧，是一个集垃圾分类知识科普、休闲健身娱乐、游戏互动于一体的综合性文化公园。该公园以生活垃圾分类宣传为核心，精心布置了垃圾分类宣传标语、别具一格的垃圾分类科普牌，设有趣味生动的垃圾分类景观小品、垃圾分类知识墙和废旧轮胎改造的艺术景观，通过开展"垃圾分类主题集市"、主题宣讲、趣味互动小游戏等系列活动，积极推广垃圾分类先进经验做法，形成了集"科普性、功能性、美观性、参与性"于一体，"社区党支部主导、辖区内企业担纲、多元共建互助"的红柠特色模式。

神木市火车站文化广场于 2017 年建成投用，占地面积 55000 平方米。红柠社区成立以后，着力将其打造为公共文化服务阵地。针对火车站文化广场人流量大、人口密集、服务需求多元等特点，红柠社区在广场安装了大型电子屏和宣传栏，通过滚动播报或固定展板等方式，宣传社会主义核心价值观、全国文明城市创建，普及传统文化知识、反诈知识，介绍当地旅游景点等，将国家政策融入广场的景观小品进行润物细无声的宣传，使辖区居民和游客及时了解党和国家政策、国际国内大事。随着社会物质生活水平的提升，群众在精神文化生活层面的需求也更高。为了给居民和游客提供更好的休息、娱乐场所，社区利用火车站文化广场阵地先后组织居民开展母亲节打卡主题活动、元宵节文艺汇演、垃圾分类宣讲、二十大有奖知识问答等丰富多彩的文化活动，不仅极大地丰富了群众休闲文化生活，也为广大群众提供了展示自己才艺的平台。

除此之外，新冠疫情常态化防控结束后，红柠社区本着资源再利用的理念，让疫情防控期间建成的核酸小屋实现"再就业"，为居民和游客提供咨询、应急服务，为环卫工人提供暖心服务。如下雨天为环卫工人提供遮风挡雨的场所，为没有雨伞的人提供借伞应急，其中一个核酸小屋还被改造成了微型消防驿站，由消防员为居民传授火灾应急知识、灭火器的正确使用方法等。

2　联合社会力量，打造"金种子志愿服务"品牌

将社区治理现代化与社区志愿服务相融合，整合社区综合性文化服务中心、新时代文明实践站、党群服务中心等资源，全力打造"金种子志愿服务"品牌，实现便民服务全覆盖。为深入推进文明社区的建设，有效拉近社区工作人员与居民的距离，红柠社区开设"板凳课堂"，由"金种子志愿服务队"的志愿者进行理论宣讲、政策宣传，消防安全知识、普法教育、家风家训教育和书法入门、礼仪培训等志愿服务，将课堂从社区"会议室"搬到居民"家门口"，把"文件语"转为"家常话"，让广大党员志愿者和群众"同坐一条板凳"，搭建起社区和居民沟通、交流、融合的连心桥。

图 2　2023 年 6 月 20 日红柠社区"书楚辞　送香粽
特别的'艾'送给特别的你"端午节主题活动合影

红柠社区积极联合多方力量，让更多社会力量参与社区的公共文化服务，开展内容丰富、形式多样的各类公共文化服务活动。2022 年 1 月 20 日，红柠社区邀请神南产业工会书法爱好者及辖区书法爱好者、辖区党员为居民们书写春联及福字。2022 年 2 月 14 日，红柠社区联合神木景华家园物业——神木市恒源和谐物业管理有限公司在景华家园举办包汤圆、猜灯谜活动，党员发挥模范作用，带头为居民们送上节日的祝福。

2023 年 3 月 8 日，联合神木市第十四中学开展了"花漾同行，不惧时光，最美最好都是你"三八妇女节压花艺术台灯主题活动，3 月 12 日开展了"爱的家园，一起呵护"主题植树活动。2023 年 4 月 23 日，在第 28 个世界读书日来临之际，红柠社区联合神木市信访局开展新时代文明实践活动，以书会友，法进万家，既丰富了居民的文化生活，又增强了群众依法信访观念和理性维权意识。

红柠社区为了将社区服务延伸到居民家门口，实现老年人"家门口"康养就医，一方面积极整合红柠铁路卫生室、老年活动室、老年大学等服务阵地，有效解决了社区老年人看病取药等难题，另一方面，在小区积极打造党群服务驿站、邻里中心、红色读书角等便民服务微阵地。红柠社区新时代文明实践站还联合红柠幼儿园开展了"童趣红柠六月天·得闲巧手绘纸鸢"手绘风筝亲子活动。

近年来，红柠社区将党建引领社区治理体系建设与社区工作及网格化服务管理相结合，着力打造"红色志愿服务集市"服务品牌。为了更好地践行红柠社区"向下扎根　向上生长"的服务理念，红柠社区招募辖区有志青年及单位组建"金种子志愿服务队"，发挥社区党组织、社区志愿者和社会公益慈善机构的联动作用，截至 2023 年已有注册会员 1700 余人，开展志愿服务项目 20 多个，年均服务时长达 1570 小时，创造了全民参与社会治理的共建共享模式。"金种子志愿服务队"开展了多种志愿服务活动，践行新时代文明，丰富居民的文化生活，弘扬中国传统文化，形成人人参与，人人尽责、人人共享共建的社区治理共同体。

3　红柠社区的示范经验

近年来，随着新型城镇化进程加快，文化建设不断加强，基层公共文化服务体系不断健全，人民群众的精神文化生活不断丰富，分析基层群众文化需求对于开展文化惠民活动，精准提供文化服务大有裨益。红柠社区高度重视社区公共文化建设，坚持以人为本，勇于探索创新，逐步形成了"社区协调、社会参与、资源共享、功能多样、服务群众"的工作格局。

红柠社区成立时间虽短，但基本服务效能打造齐全，主要经验就是"三手"齐抓，丰富居民精神生活。一是抓文化阵地建设，通过整合社区综合性文化服务中心、新时代文明实践站、党群服务中心、神木市图书馆红柠社区分馆、亲子公园、丝路公园、神木市火车站文化广场 7 大阵地，为社区居民提供科、教、文、卫、体等多样化服务，加快公共文化服务体系建设步伐，使群众文化生活质量显著提高。二是抓队伍建设，加强对社区文体队伍的领导和管理，探索文体队伍组织和管理新模式，充分发挥社区网格员和社会志愿者的积极作用，推动群众自发性文化团队发展，开展艺术普及、美育教育和阅读服务培训，提高群众文体队伍的水平，促进群众性文体工作的蓬勃开展。三是抓活动，精心设计活动方式，丰富充实活动内容，依托各种节假日和科普宣传周、全民健身周等，发动社区单位、群众文艺团队和居民家庭积极参与丰富多彩、寓教于乐的活动。社区和社区单位联合，使企业文化、校园文化、家庭文化的开展与社区文化有机结合，同时也加强文娱活动、体育活动、科普活动、读书活动、教育活动的开展和有机结合，将社区文化活动开展得有规模、有影响、有效果，不仅仅丰富居民的精神生活，更能进一步增强社区的凝聚力和亲和力。

为深入推进文明社区的建设，有效拉近社区工作人员与居民的距离，红柠社区党群服务驿站特开设"板凳课堂"，积极打造"板凳课堂"志愿服务品牌。宣讲员通过聊家常、面对面、互动式、接地气的宣讲方式，及时把党的最新理论成果送到了居民的身边。居民们围坐在一起，听理论宣讲，谈惠民政策，聊未来发展，学实用技术，学习氛围十分浓厚，真正让理论政策、讲话精神"进入寻常百姓家"。党群工作连心桥定期接待党员群众，为群众提供论宣讲、法律咨询、心理辅导，心贴心倾听民声，实现服务居民零距离，小区议事厅主要为居民提供议事平台，解决邻里纠纷，实现小事不出网格，小矛盾及时调解，大矛盾及时化解，预防矛盾升级扩大。

没有文化的获得感、幸福感，就没有高质量、高品质的生活。2021年，文化和旅游部、国家发展改革委、财政部联合印发了《关于推动公共文化服务高质量发展的意见》，强调应当加强资源整合，建立完善公共文化服务网络，充分发挥统筹服务功能。走进新时代，人民群众对美好生活向往中包含了更多的文化期待。红柠社区尽管成立时间较短，但却非常重视基层公共文化服务，以保障群众基本文化权益、促进人民群众精神生活共同富裕为主要目标，以传承中华优秀传统文化，弘扬社会主义核心价值观、建设现代公共文化服务体系为主要内容，在联合社会各方力量，统筹推动社区公共服务和公共文化建设方面，坚持以人为本，勇于探索创新，形成了一套具有红柠特色的社区工作新模式。

作者简介：李晓宁，女，大学本科学历，副研究馆员。现任陕西省图书馆学会办公室秘书。研究方向为图书馆弱势群体服务等。参与国家社科基金一般项目、陕西省教育厅一般专项科学研究计划项目等项目研究；发表论文20余篇。

以文化人、成风化俗

——丰家塔的新时代文明实践

贾　瑞（陕西省图书馆）

西沟街道丰家塔社区地处风景秀丽的国家 4A 级风景区二郎山脚下，区域面积 1.5 平方公里，总人口 2202 人，其中常住居民 1619 人，流动人口 583 人，其中党员 10 名。辖区内有大型物流公司 8 家，幼儿园 1 个，社区卫生服务中心 1 个，供电所 1 个，宾馆 1 个，个体户 20 余户，居民住宅小区 1 个，共筑共建单位 3 家，是交通发达、商业繁荣、宜居宜业的和美家园。丰家塔社区党群服务中心建筑面积 536 平方米，有工作人员 11 名，设有新时代文明实践站、综合性文化服务中心、"一站式"服务大厅等，室外活动广场面积达 1000 平方米，有 11 块宣传橱窗、100 平方米文化舞台（戏台），群众业余文艺社团有说书、评剧、二人台戏曲等社团。近年来，丰家塔社区党群服务中心依托新时代文明实践站、综合性文化服务中心，充分利用"五级五长"机制，坚持党建引领基层治理，为广大居民提供党建、民政、社保、卫生健康、文化等便捷服务和多样化的志愿服务，在新时代文明实践和公共文化服务领域取得了可喜成绩，先后被榆林市爱卫会授予"市级卫生先进单位"称号，被陕西省爱卫会评为"市级卫生先进单位"，被中共神木市委、神木市人民政府授予"文明社区"称号。

1　学思想、强党性，党建引领贯穿始终

推动新时代文明实践中心建设，是党中央做出的一项重大战略决策，目的是凝聚群众、引导群众，以文化人、成风化俗，调动各方面力量，整合各种资源，创新方式方法，用中国特色社会主义文化和社会主义思想道德，牢牢占领农村思想文化阵地，动员和激励广大农村群众积极投身社会主义现代化建设。丰家塔社区依托新时代文明实践站、社区党群服务中心和综合文化服务中心阵地，联合共建共筑"双报到"单位，为党员群众提供融思想引领、道德教化、文化传承、便民服务等多元化综合服务，在实践中取得突出成效。

　　党的二十大胜利召开后，丰家塔社区按照"党员干部先学一步、学深一层"要求，迅速部署二十大精神宣传阐释和学习贯彻工作，联合神木市融媒体中心，邀请神木市委宣讲团讲师，举办了为期五天的"学习宣传贯彻党的二十大精神"专题培训，内容包括党的二十大报告精神、新党章、延安精神和推进中国式现代化等几大板块，随后还组织开展了"党的二十大精神专题研讨交流会"，把党员干部的思想和行动统一到党的二十大精神和二十大确定的战略目标上来。通过培训学习、研讨交流等，不断扎牢党员干部践行初心使命的思想根基。

图 1　2023 年 4 月 4 日丰家塔社区举办"学习二十大　书香润初心"主题党日活动

　　为了将文明实践做细做实，丰家塔社区党支部组织 120 位党员干部赴贺家川、沙峁、延安等地接受红色教育，观看红色电影 10 余场，举办党史专题讲座 8 次。2023 年 7 月 4 日，组织党员干部集体学习"国史讲堂"系列理论之"党史微课"系列纪录片，全面回顾中国共产党 28 年浴血奋斗历程。2023 年 7 月 7 日，联合"双报到"单位党支部集中观看了中共党史红色教育电影《遵义会议》，该影片生动诠释了伟大的长征精神和遵义会议精神。此外，丰家塔社区党支部还携手"双报到"单位党员干部参与神木市家风馆开展"弘扬好家风　传承好家训"主题宣传活动，赴神府革命纪念场馆开展"深悟践行二十大·追思缅怀先烈"主题党日活动，开展"弘扬革命精神，牢记初心使命"主题党日活动和"践行党的二十大　寻文化足迹"主题党日登山活动等。党员干部纷纷表示，要继承发扬老一辈共产党人顽强的革命意志，把参观、学习和观影的深刻感受转化为鼓足干劲、锚定目标、践行初心使命的实际行动，以更加饱满的精神状态砥砺前行、勇挑重担，为经济社会高质量发展贡献自己的力量。

2　融传统、重联合，政策宣讲入民心

2023 年清明节来临之际，丰家塔社区联合"双报到"单位神木市委宣传部在开展"绿色清明送鲜花，文明祭祀树新风"为主题的宣传活动中，倡导居民文明祭扫，推进移风易俗。当日，社区网格员和志愿者向居民发放《神木市文明祭祀倡议书》300 余份，赠送鲜花 1000 余支，号召广大居民自觉摒弃焚烧纸钱、摆放祭品、燃放鞭炮的祭拜习俗，提倡种植纪念树、清扫墓碑、鲜花祭祀、网上祭祀等健康、文明的祭祀方式。

2023 年 5 月 26 日（农历四月初八）是神木市二郎山开展传统庙会的时间。丰家塔社区充分利用庙会期间客流量大、文化氛围浓厚的有利时机，联合神木市城市管理执法大队和西沟街道综治中心、司法所、派出所，"走进庙会"，开展反邪教、防范电信诈骗和垃圾分类等宣传教育活动，引导广大居民从身边做起，从点滴做起，养成珍惜资源、节约能源的生活习惯，让"绿色、低碳、环保"的理念更加深入人心，共同构建美丽、和谐、文明、安全的生活环境。

2023 年端午时节，丰家塔社区联合神木市委政法委开展"迎端午　护安康"主题活动。政法委干部向居民和工作人员开展《反有组织犯罪法》《反邪教组织法》《反电信网络诈骗法》等法律的宣传，以及市域社会治理（平安建设）应知应会知识宣传，提高了广大干部群众维护社会治安秩序的责任感和自觉性。

为丰富群众文化生活，培育具有示范性、特色鲜明的文明实践项目，丰家塔社区联合神木市委宣传部、神木市创文办、神木市文旅局等单位，组织开展说书、评剧、二人台戏曲、小品等文化惠民演出活动，将政策宣传融入文艺节目之中，让群众在娱乐中学习，在互动中学习，让理论宣讲听得进、听得懂、能落实。在开展"文明乡风进万家"新时代文明实践活动时，通过陕北说书向现场居民宣传"文明餐桌""车让人·人守规""文明上网""文明旅游"等文明新风，号召辖区群众争做文明新风的倡导者、传播者和践行者，共同助力全国文明城市创建，为打造积极向上、健康文明的新神木贡献自己的一份力量。为了推动全民阅读，社区还联合神木市图书馆及其分馆，

图 2　2023 年 2 月丰家塔社区开展"欢乐猜灯谜·喜庆过元宵"主题活动

不定期举行以"书香润泽生命　读书成就未来"为主题的读书日活动，同时在爱心书屋为小学生发放图书，鼓励和培养孩子们的阅读兴趣。

3　暖人心、聚民心，志愿服务处处开花

3.1 敬老活动"暖人心"

尊老敬老爱老是中华民族的传统美德，也是全社会的共同责任。新时代文明实践站组织党员干部、志愿者和社会组织开展"弘扬传统美德　关爱空巢老人"等系列活动，多次走进空巢老人、病残老人、孤寡老人家中，帮助他们做家务、进行心理疏导，为他们排忧解难，切实解决他们的燃眉之急。每月开展"爱心义剪进社区　温情服务暖人心"活动，为 60 周岁以上老年人免费理发，得到广大居民的一致好评。开展"情系老人温暖　真心济困解难"重阳节慰问活动，向老人发放大米、白面、食用油、猪肉、药品等慰问品，为老人送上节日美好的祝愿和真诚的敬意。母亲节时，走进养老院，开展"浓浓饺子香　情暖母亲节"主题活动，为老年人包饺子、免费理发等。积极开展"守住养老钱　幸福享晚年"防范养老诈骗宣传活动，社区志愿者向老年人发放防电信诈骗宣传手册、纸杯、扇子，讲解网络诈骗的惯用伎俩，帮助下载"国家反

诈中心"App 等，提高老年人的防范意识。

3.2 普法教育"聚民心"

丰家塔社区围绕社区群众关心的热点难点，用群众喜闻乐见的方式进行精准普法，持续激发居民的学法热情，推动普法宣传教育走实走深。在举办"美好生活·民法典相伴"主题宣传月活动期间，志愿者悬挂横幅、发放法治宣传资料、宣传品，向群众宣传《中华人民共和国民法典》。以"送法进万家 家教伴成长"为主题，开展《家庭教育促进法》宣传活动，引导大家注重家风家教，形成知晓家庭教育、重视家庭教育、参与家庭教育的良好社会氛围。联合"双报到"单位开展"法律六进"宣讲活动，邀请居民共话法治平安，共建和谐社区。联合神木市委、政法委开展三八妇女节普法宣传进社区活动，向社区居民宣传国家安全人民防线、禁毒大扫除工作、扫黑除恶、防范和处置非法集资、反邪教、创建文明城市等与社区群众自身利益相关的法律法规。

3.3 绿色环保"入民心"

丰家塔社区将学习雷锋志愿精神与社区绿色环保、基层治理相结合，动员辖区更多志愿者成为雷锋精神的传承者、社区基层治理的宣传者、绿色环保的践行者。他们向居民发放《低碳生活、绿建未来》倡议书，组织开展"低碳环保，绿建未来"专题讲座，联合"双报到"单位神木市委宣传部开展"学习雷锋志愿精神，践行爱国卫生运动"和"垃圾要分类·生活更美好"志愿服务活动，联合宣传部、融媒体中心组织"学雷锋——促新风"义务清洁志愿者活动，倡导不乱扔垃圾、爱护公共设施等文明行为。绿色环保志愿活动的开展普及了低碳环保知识，为社区推进节能减排，打造绿色空间，营造可持续发展的生态环境奠定了良好基础。

4 经验与启示

4.1 "五级五长"制实现基层管理精准化

社区治理是基层治理体系和治理能力现代化的重要内容。"五级五长"制将治理触角延伸至城乡各个角落，形成了片长指挥、社区主抓、网格长负责，楼栋长、巷道长、街（监）长联络，楼层长、院落长、门店长包户的"五级五长"治理体系。丰家塔社区现在共有"五级五长"146 人，他们作为基层社会治理的第一线人员，提供热情周到的服务，成为连接党委、政府和人民群众的桥梁纽带，在各类情况摸底上报、矛盾纠纷调解、特殊人群上报、小区管理等各项工作中起到了重要作用。"五级五长"改善了社区基层邻里关系，许多人也积极报名参与社区志愿活动，配合"五级五长"共同为自己的家园出一份力。"五级五长"机制的实施，有效整合了社区资源，强化了网格末端精细化治理，把党组织的政治优势和群众工作优势，转化为各项工作中的强大组织力、战斗力和号召力，推动形成党员带头、多方聚力、全民参与的良好局面。

4.2　"1386"工作模式推进志愿服务制度化

丰家塔社区始终坚持"1386"工作模式，即"一个引领，三个结合，八支队伍，六个项目"，就是在党建引领下，与精神文明创建、医养教服务、社会网格化治理三项工作相结合，依托理论宣讲"创新队"、文化惠民"起航队"、助学支教"梦想队"、医疗健身"雄鹰队"、科学普及"超凡队"、法律服务"责任队"、卫生环保"冲锋队"、扶贫帮困"决心队"八支志愿服务队，以理论政策宣讲、预防电信网络诈骗宣传、文明交通宣传、生活垃圾分类宣传、义务理发、义诊服务六项志愿服务项目为载体，以辖区老弱残幼为重点服务对象，以提高居民群众生活水平，改善人居环境为落脚点，全面打造宜居宜养和谐社区。按照每月一主题的活动思路，开展理论宣讲、教育辅导、文体旅游、卫生健康、科技科普、法律政策、文明风尚等丰富多彩的新时代文明实践服务活动，总服务数量达百余次，实现了共同参与、共建共享的目标，弘扬传统美德、传播文明新风。

4.3　"双报到"提升社区居民幸福感

丰家塔社区联合神木市委宣传部、政法委、党校和神木市创文办、神木市融媒体中心等"双报到"单位，联合开展贴近实际、贴近生活、贴近群众的新时代文明实践活动。"双报到"单位发挥各自优势，帮助社区和群众办实事、做好事、解难事，先后联合举办了"双报到"点亮微心愿、"关爱生命　救在身边"健康讲座、"法律六进"宣讲、"传承中华文化　弘扬剪纸艺术"和慰问辖区离退休老党员老干部等活动，将党史学习教育"我为群众办实事"长效机制落实、落细、落地，不断提升社区居民幸福感、获得感，让新时代文明实践焕发蓬勃的生机与活力。

作者简介：贾瑞，女，研究生学历，馆员。现任陕西省图书馆办公室副主任。研究方向为图书馆管理、参考咨询服务、知识产权服务。发表学术论文6篇。

产业兴旺，乡风文明，文化繁荣

——灰昌沟村为乡村振兴注入新动能

史瑛瑛（陕西省图书馆）

灰昌沟村位于神木城区西 8 公里处，是西沟街道办事处所在地，面积 7.5 平方公里，耕地面积 1760 亩，林草地 4300 亩，总人口 495 户 1383 人。2020 年整村脱贫之前，灰昌沟村因人均耕地不足，产业发展难度大，村民主要靠劳动力外出务工或传统小农经济生产维持生计。近年来，灰昌沟村按照"生产发展、生活宽裕、乡风文明、村容整洁、管理民主"的社会主义新农村建设理念，积极推进农业产业结构调整，大力发展乡村旅游，重视开展群众文化活动，倡导文明新风，不断为乡村振兴注入新动能。

1　"小产业"发挥"大优势"

产业兴旺是乡村振兴的关键，也是实现农民增收、农业发展和农村繁荣的重要基础。灰昌沟村根据本村资源特点采取"股份经济合作社+社区工厂+农户"的发展模

图 1　灰昌沟村的甜玉米加工现场

式，因地制宜地发展甜玉米种植、杂果园、蔬菜大棚、扫帚加工等村集体产业，让"小产业"发挥"大优势"，拓宽村民致富路。村合作社的成立，不仅解决了村民的农产品销路问题，也带动了农村富余劳动力就业。

除了大力发展农业经济、小型加工企业之外，灰昌沟村还在神木市委、市政府的大力支持下，积极发展窑洞民宿，打造集观光、游乐、休闲、采摘、体验等于一体的全域乡村旅游项目。

陕北窑洞是陕北本土古老的民居建筑形式，被列入省级非物质文化遗产项目，被誉为"没有建筑师的建筑"，承载着陕北人民深厚的黄土情结和历史记忆。在窑洞里创作出的剪纸、布堆画、炕围画等也被称为"窑洞艺术"。灰昌沟村现有闲置窑洞40多孔。村委会和村民协商了使用权，后将窑洞按照不同风格进行窑洞民宿翻修，窑洞民宿前的大片空地也被规划为村史馆、开心农场和采摘体验区。现已打造好的两院窑洞民宿名为"溪水民宿"，院内建有溪水亭台，置身亭台内，周围溪水从顶上缓缓流下，如瀑环绕，凉风习习，据史料记载清乾隆皇帝夏天避暑时就受这种溪水亭台。窑洞民宿内有两人标准间、一人大床房、三人家庭房等房型，有现代简约式、农村传统民居式等不同风格，配有陕北农家特色家具，如石头储粮仓改造的桌子、陕北剪纸窗花装

图 2　建设中的灰昌沟村旅游项目——窑洞民宿

饰、农家锅台连锅炕，情怀满满。民宿内还设有餐厅，配有专业厨师，游客可以品味到正宗的地方特色美食。50平方米的图书室让游客在休闲的同时享受阅读的安静时光。溪水民宿集娱乐休闲学习于一体，环境优美，设施齐全，是休闲度假的理想场所，游客在其中可沉浸式体验陕北窑洞居住环境和窑洞文化，感受绿色和可持续的人居文化理念，民宿推动了独具陕北气息的乡村文化旅游产业发展。

下一步，灰昌沟村将以巩固拓展脱贫攻坚成果同乡村振兴有效衔接为主线，全力发展和壮大村集体经济，促进农民增收，积极打造优势特色产业，不断为乡村振兴注入新动能。

2　"规"住了不良陋习，"约"出乡风文明

乡村是国家基层治理的重要场域，是社会和谐稳定的基础。为了提高村民思想道德素质，灰昌沟村组织开展了新民风建设专项活动。

一是针对"红白事"大操大办、攀比成风现象，灰昌沟村组织村民讨论修订村规民约。"禁止操办除婚丧嫁娶以外的一切酒席，不攀比、不浪费……"这些简洁、通俗易懂的句子，就是修订后村规民约中的内容。"以前，亲戚朋友逢事就办宴席，谁家办得热闹，谁就有面子。吃酒人情份子给少了，又怕掉面子，给多了负担又重。"村民陈富昌说，"现在好了，村规民约定下了，红白事不大操大办，不摆设高档烟酒，不攀比、不浪费，还规定了最高礼金为300元，大大减轻了我们的负担，这些都是村里'约出来'的好习惯。"村规民约由大家一起制定，自觉遵守，互相监督，"规"住了不良陋习，"约"出了一团和气。

二是为了弘扬新民风、传承优良家风家训，灰昌沟村依托道德讲堂，开展道德评议，推行红黑榜，表彰先进、通报后进，宣传先进典型，树立道德榜样，弘扬和传承社会公德、职业道德和家庭美德，倡导新风正气。为此，灰昌沟村还专门为村民制作了涉及村风民俗、移风易俗、邻里关系等方面内容的家风家训牌匾，村民悬挂在家中，实现了自我约束和自我教育。

三是在爱心超市的制度引导下，开展卫生评比，助力灰昌村人居环境整治。驻村工作队与村三委（村党支部委员会、村民委员会、村务监督委员会）班子成员多次座谈讨论，修改并完善了《灰昌沟村爱心超市评分方法和标准》，开展塑料垃圾、废旧电池、烟头回收等环境卫生整治，每月进行入户检查评比，表彰奖励小组前三名，共表

彰 47 人次，受表彰者可以获得爱心超市奖励积分，兑换超市商品。以前塑料瓶、塑料袋等生活垃圾都被村民随手扔了，现在垃圾能当钱花，使村里道路干干净净，连草丛里的烟头也不见了，村庄越来越美了。

3　腰包鼓了，文化兴了

腰包鼓了，房子新了，民风淳了，精神文化生活自然也就成为村民的迫切需求。文化让乡村振兴走上了"快车道"，装上了跨越发展的"加速器"，实现了群众幸福的"节节高"。

乡贤文化作为中华优秀传统文化的重要组成部分，千百年来一直在民间发挥着重要的精神教化、道德引领作用。乡贤文化，就是一方乡土的历代名贤积淀下来的榜样文化、先进文化，它根植于乡土，是反映着乡土文化心理，体现着本土人民思想、信仰、价值、观念的一种文化形态，是引导人们崇德向善的宝贵精神财富。农村优秀基层干部、先进道德模范、德才兼备能人等乡村典范，在乡间邻里享有很高的威望和很好的口碑，成为"新乡贤"主体。自灰昌沟村开展新民风建设专项活动以来，经过村民推荐、驻村工作队和村干部走访、调查，共评选出道德模范、好婆婆、孝老爱亲模范、最美庭院等称号获得者 19 名。在表彰会上，叫到名字的村民兴高采烈地上台领奖，台下掌声不断。这 19 名模范是经过村民集体选举的，表彰是为了激发村民自主脱贫的内生动力，发挥先进模范带动作用，带动村民转观念、破旧俗、立新风，凝聚人心，汇聚正能量。

为了满足村民日益增长的精神文化生活需求，灰昌沟村在乡村文化振兴上下足了功夫：从 2018 年开始每年举办"灰昌沟村乡贤文化文艺晚会"；邀请神木市文化馆老师在村里开展"道德讲堂"活动；通过文艺表演和"道德讲堂"的形式，表彰身边爱岗敬业、扶贫帮困、救死扶伤的道德模范，发挥乡贤文化的精神教化、道德引领作用。近年来，在镇文化干部和村级干部的支持下，灰昌沟村组建了由志愿者和本村文艺爱好者组成的秧歌队、文艺社团，他们自编自演文艺节目，开展志愿者服务活动、惠民演出等多项文化活动，这些定期举办的文明实践活动深受群众的好评和喜爱，切实提高了基层群众的文明素质，助力城乡融合发展。

妇女作为乡村振兴的中坚力量，组织、鼓励、带领妇女积极投身于乡村振兴，是一项重要的举措。2022 年，灰昌沟村举办了三八妇女节特别活动，邀请卫生院院长出席开展女性健康讲座，全村 45 岁以下妇女皆参加。每年 3 月还会举办妇女"才艺大比拼"画鞋样、剪窗花等活动。丰富的文化活动彰显出女性时代风采，弘扬了女性时代精神，进一步推进了乡村精神文明建设。

蝶变中的灰昌沟村按照"生产发展、生活宽裕、乡风文明、村容整洁、管理民主"的社会主义新农村建设理念，立足本村产业基础和区位优势，以党建引领、产业发展、乡村治理现代化为支撑，加快挖掘陕北农耕文化、村史村俗、历史名人、乡风乡情等传统文化资源，建设具有陕北地域特色的窑洞民宿和承载乡村文化记忆的村史馆、民俗馆、乡贤名人馆，开展丰富多彩的群众文化活动，极大地提升了村民生活幸福感、文化归属感，描绘出一幅产业兴旺、乡风文明、文化繁荣的社会主义新农村建设新图景。

作者简介：史瑛瑛，大学本科学历，毕业于西北大学图书馆学专业，馆员。现任陕西省图书馆教育培训部副主任，长期从事图书馆培训策划管理与研究工作。发表学术论文 9 篇。

后 记

神木地处榆林北部，历史上一直是"南卫关中，北屏河套，左扼晋阳之险，右持灵夏之冲"的塞上重地，也是黄河文化、黄土文化、长城文化、边塞文化、红色文化、大漠文化的交汇之地，独特的"一山二水三城"自然地理标识和"华夏文明之光"的历史文化标识，孕育出神木"忠勇、创新、包容、共享"的城市精神。

2020年以来，为指导神木市创建"陕西省公共文化服务高质量发展示范市"，我曾五次来到神木，不仅感受到黄河、长城的雄宏壮阔，饱览了毛乌素沙漠、尔林兔大草原、二郎山、红碱淖的秀美风光，欣赏到陕北民歌、秧歌、说书、唢呐、三弦等民间艺术，而且还见证了神木市创建"陕西省公共文化服务高质量发展示范市"的辉煌历程。

神木市以7635平方公里的国土面积居陕西各区县首位。过去，神木地广人稀、交通不便、环境恶劣、经济落后，但几代神木文化人初心如磐、奋楫笃行，在极其困难的条件下推动着公共文化事业的持续发展。

近年来，神木市以创建"陕西省公共文化服务高质量发展示范市"为抓手，聚焦黄河"几字弯"城市群高质量发展示范市、全国一流公共文化服务高质量发展标杆城市的建设目标，着力推动公共文化服务"三个转型发展""三个创新突破""三个品质提升"，公共文化服务水平和基本服务指标均达到陕西领先、西部一流，并形成一批公共文化创新发展的标志性成果，用实际行动诠释了中国式现代化进程中文化机构的使命担当。

为系统总结神木公共文化服务创新发展新成就、示范引领新经验，神木市文化和旅游文物广电局成立《神奇神木　文润麟州——公共文化服务高质量发展的神木实践》编辑委员会，全景展现出"从地理高原到文化高原"——公共文化服务的神木品质、"一山二水三城"——转型发展沧桑巨变中的神木魅力、"城乡一体共同富裕"——文化赋能乡村振兴的神木实践。

本书的编撰有三个显著特点：一是陕西省文化和旅游厅统筹领导和精心部署，陕西省公共文化服务体系建设专家委员会成员，深度参与神木示范市创建工作，进一步丰富了陕西"政学研用"创新机制；二是调动了神木公共文化从业者讲述神木故事，如图书馆迈向"双一流"的转型发展之路、文化馆用行动诠释中国式现代化进程中使命担当、博物馆的文化遗产守护与传承、展览馆以"沉浸式"讲述"神奇神木"等，增强了内容的可读性和吸引力；三是"转型发展沧桑巨变中的神木魅力"和"文化赋能乡村振兴的神木实践"两编中16篇文章，均为陕西省图书馆"馆员导师制"的阶段性成果，陕西省图书馆借鉴东部图书馆"导师制"经验，组织成员深入基层、开展学术研讨、宣传神木文旅深度融合与乡村文化振兴发展成果，推动了理论研究与实践探索有机结合。

《神奇神木　文润麟州——公共文化服务高质量发展的神木实践》一书的顺利出版，离不开各方的大力支持和辛勤付出。陕西省文化和旅游厅对神木示范市创建的目标、任务提出了明确要求；陕西省公共文化服务体系建设专家委员会副主任、西安文理学院研究馆员段小虎，负责本书的出版策划、学术指导；西北大学教授、博士生导师杨九龙，陕西科技大学研究馆员闫小斌、长安大学研究馆员尹莉、宝鸡市图书馆副研究馆员陈碧红等全程参与了业务培训案例撰写和书稿体例论证；西北政法大学教授刘亚玲、西安石油大学图书馆研究馆员李清、陕西省图书馆发展研究部邓辉负责本书的统稿审校；陕西省图书馆副馆长强颖，副馆长李博阳，工会主席胡竹林，学会秘书长霍彩铃、副秘书长樊东坡，发展研究部主任马月丽等不仅积极组织馆内研究力量参与研究和实地调研，而且分别承担了具体研究任务；神木市文化和旅游文物广电局黄娟、张雨欢和神木市科协白艳宁等，也参与了书稿组织编撰工作。

神木市文化和旅游文物广电局对创建工作、案例征集作出了具体部署；神木市主要公共文化机构负责人和陕西省图书馆、西安交大图书馆、西安图书馆等机构的作者，以高度使命感、责任感和富有成效的创新精神，按时完成各自的撰写任务，为本书奉献出自己的智慧经验；国家文化和旅游公共服务专家委员会首席专家、北京大学教授李国新，在百忙之中为本书作序，高度肯定了陕西公共文化建设领域的"政学研用"机制和学术团队的集体贡献；国家图书馆出版社编审邓咏秋和编辑张晴池为本书出版提供了优秀的专业支持。

希望《神奇神木　文润麟州——公共文化服务高质量发展的神木实践》的出版，能够为陕西省、西部地区乃至全国基层公共文化服务高质量发展提供新经验，为各地相互学习创新经验、交流创新思想产生积极的推动作用。坚信神木市将依托独特的区位优势和文化资源禀赋，积极对接黄河流域生态保护和高质量发展国家战略、国家长城主题公园建设、国家陕北文化生态保护区建设，持续加大公共文化服务投入，健全完善公共文化服务体系，统筹推进优秀传统文化、地域特色文化、红色革命文化与现代公共文化相融共生，联动发展，实现公共文化服务"整体西部一流、局部全国领先"的发展目标，谱写现代公共文化服务体系建设和高质量发展的新篇章。

杨九龙[*]

2024 年 1 月 5 日于西安

---

[*] 作者系西北大学教授、博士生导师。